Mindfulness per la salute del cervello

Mindfulness basata sulle neuroscienze per chiarezza, gioia e pace mentale

Dr. Sui H. Wong MD FRCP

© **Copyright 2024 - Tutti i diritti riservati.**

Il contenuto di questo libro non può essere riprodotto, duplicato o trasmesso senza il permesso scritto dell'autore o dell'editore.

In nessun caso l'editore o l'autore potranno essere ritenuti responsabili di eventuali danni, risarcimenti o perdite monetarie dovute alle informazioni contenute in questo libro, direttamente o indirettamente.

Avviso legale:

Questo libro è protetto da copyright. È destinato esclusivamente all'uso personale. Non può modificare, distribuire, vendere, utilizzare, citare o parafrasare alcuna parte o il contenuto di questo libro, senza il consenso dell'autore o dell'editore.

Avviso di esclusione di responsabilità:

Si prega di notare che le informazioni contenute in questo documento sono solo a scopo educativo e di intrattenimento. Sono stati compiuti tutti gli sforzi per presentare informazioni accurate, aggiornate, affidabili e complete. Non sono dichiarate o implicite garanzie di alcun tipo. I lettori riconoscono che l'autore non è impegnato a fornire consigli legali, finanziari, medici o professionali. Il contenuto di questo libro è stato ricavato da varie fonti. La invitiamo a consultare un professionista abilitato prima di provare le tecniche descritte in questo libro.

Leggendo questo documento, il lettore accetta che in nessun caso l'autore è responsabile di eventuali perdite, dirette o indirette, subite in seguito all'uso delle informazioni contenute in questo documento, compresi, ma non solo, errori, omissioni o imprecisioni.

EBH Press. EBHpress.com

Copyright © Dr Sui H. Wong, 2024

ISBN: 978-1-7385581-2-4 (Paperback) 978-1-917353-04-5 (E-book)

Audiobook : 978-1-917353-05-2 (link in arrivo)

Questo libro è dedicato a mia madre e al mio defunto padre.

Indice dei contenuti

INTRODUZIONE: LA SCIENZA DELLA CONSAPEVOLEZZA 5
    Cosa ci trattiene 6
    Mindfulness e neuroplasticità 8
    Mindfulness popolare 9
    La mia passione per la Mindfulness 9

CAPITOLO 1: ESPLORARE LA NEUROPLASTICITÀ 13
    Segnali cerebrali importanti 14
    Abbracciare la pratica 15
    L'importanza di mettere i piedi per terra 15
    Idee Mindful per mettere i piedi per terra 17
        Punti chiave 20

CAPITOLO 2: MINDFULNESS E CERVELLO 23
    Cosa sappiamo del cervello 23
        I quattro lobi 24
        Il cervelletto 25
        Il tronco encefalico 25
    Come le pratiche Mindful possono modellare il cervello 25
        Mindfulness regolare 27
    Idee mindful per migliorare la salute del cervello 30
        Punti di forza 33

CAPITOLO 3: MEMORIA E MINDFULNESS 35
    Il potere della mente e della memoria 35
        Memoria di lavoro e memoria episodica 36
        Annotazioni mentali 37
    Allenamento del cervello per la memoria 38
    Idee Mindful per la memoria 39
        Punti chiave 41

CAPITOLO 4: AUMENTARE IL FUNZIONAMENTO COGNITIVO ATTRAVERSO LE TECNICHE MINDFUL 45
    Rafforzare il cervello 46
        Yoga olistico 47
        Meditazione consapevole 47
        Ulteriori tecniche di meditazione 49
    Intelligenza emotiva 50

IDEE MINDFUL PER L'ALLERTA E L'INTELLIGENZA EMOTIVA	51
Punti chiave	54

CAPITOLO 5: CAPIRE LO STRESS: UN APPROCCIO CONSAPEVOLE ... 57

L'IMPATTO DELLO STRESS	58
ESPERIENZE DI VITA	59
IDEE MINDFUL PER LA GESTIONE DELLO STRESS	59
Punti chiave	62

CAPITOLO 6: COME LASCIARSI ANDARE CON LE MEDITAZIONI QUOTIDIANE ... 65

DISTACCO SANO	66
Limiti del lavoro	67
Limiti della famiglia	68
Confini della casa	69
Limiti relazionali	69
COME LIBERARSI	70
IDEE MINDFUL PER UN SANO DISTACCO	71
Punti chiave	74

CAPITOLO 7: VIVERE SERENAMENTE ... 77

VIVERE SERENAMENTE, NON PERFETTAMENTE	78
Eliminare gli articoli fisici	78
Eliminare le decisioni	79
Il suo gruppo di base	79
CAPIRE CHI DEVE ESSERE	80
Una semplice domanda	81
IDEE MINDFUL PER LA PACE E LA RESILIENZA	81
Punti chiave	84

CAPITOLO 8: RESPIRAZIONE CONSAPEVOLE PER LA GIORNATA LAVORATIVA ... 87

CHE COS'È IL LAVORO, DAVVERO?	88
VALUTARE LO STRESS LAVORATIVO	89
Stress fisico da lavoro	89
Stress emotivo da lavoro	90
Stress lavorativo organizzativo	90
APPROFONDIMENTO SUL LAVORO	90
ESERCIZI DI RESPIRAZIONE CONSAPEVOLE	92
Respirazione di ancoraggio	93
Respirazione a scatola chiusa	93
La respirazione 4-3-7 e il sospiro ciclico	94
IDEE MINDFUL PER LA PRODUTTIVITÀ	94
Punti chiave	97

CAPITOLO 9: LA DIGESTIONE E LEI - UN APPROCCIO CONSAPEVOLE ALLA

GESTIONE DEL PESO ... 101

- Mangiare in modo consapevole ... 102
- Gestione del peso ... 104
- Idee mindful per un'alimentazione sana ... 105
  - *Punti chiave* ... 108

CAPITOLO 10: DORMIRE CON PACE E SCOPO ... 111

- Perché dormire? ... 112
- La pratica di creare la calma ... 113
  - *Incorporare attività fisiche e mentali* ... 114
  - *Trovare conforto* ... 115
  - *Metta via l'elettronica* ... 115
  - *Limitare il consumo di cibo e bevande* ... 115
- Idee Mindful per migliorare il sonno ... 116
  - *Punti chiave* ... 119

CAPITOLO 11: GESTIONE DEL DOLORE E RILASSAMENTO PER IL CORPO ... 121

- La verità sul dolore ... 121
- Mindfulness e disturbi neurologici ... 123
- Speranza per la gestione del dolore ... 124
  - *Scansioni corporee per la gestione del dolore* ... 124
  - *Terapia di rielaborazione del dolore* ... 125
- Idee Mindful per aiutare a gestire il dolore ... 126
  - *Punti chiave* ... 128

CAPITOLO 12: MINDFULNESS ATLETICA ... 131

- La mente di un atleta ... 132
- L'errata percezione della Mindfulness atletica ... 132
- Visualizzazione per gli atleti ... 135
- Idee Mindful per le prestazioni del corpo ... 136
  - *Punti chiave* ... 139

CAPITOLO 13: FARE IL GENITORE IN MODO CONSAPEVOLE ... 141

- Fasi Mindful ... 142
  - *Mindfulness per i neonati* ... 142
  - *Mindfulness per i bambini* ... 143
  - *Mindfulness per adulti* ... 143
- Stabilire standard genitoriali realistici ... 144
- I bisogni di un genitore ... 145
  - *Fare delle pause* ... 146
  - *Punti chiave* ... 147

CAPITOLO 14: MINDFULNESS A QUALSIASI ETÀ ... 149

La mente di un bambino	149
Invecchiare con grazia	150
Mantenere la consapevolezza	151
Cosa le riserva il futuro	152
Punti chiave	*153*

CONCLUSIONE 155
Cosa c'è di nuovo per lei? 155

APPENDICE 159

GLOSSARIO 161

RIFERIMENTI 165
Riferimento alle immagini 174

Introduzione:

La scienza della consapevolezza

Ha mai dei giorni in cui si sente insoddisfatto della sua vita? Giorni in cui la voce critica interiore le dice: "Non sei abbastanza bravo"? Si ritrova a fare paragoni con altre persone, amici, familiari o colleghi di lavoro, pensando che loro sembrano essere stati bravi nella vita? *Perché non può essere così?*

I social media non hanno aiutato in questo senso, offrendoci una finestra fortemente filtrata sulla vita degli altri. Questo non riguarda solo i bambini e gli adolescenti, ma tutte le fasce d'età. Quando vediamo costantemente foto e video di ciò che fanno gli altri, può essere difficile ricordare che ciò che fanno gli altri potrebbe non tradursi nella nostra vita. Inoltre, ciò che vediamo è solo un'istantanea, un momento nel tempo.

Potrebbe pensare di essere l'unica persona che lo fa, ma la verità è che non è sola. Siamo tutti orientati al confronto sociale. Contestualizzarci nei gruppi sociali fa parte del modo in cui creiamo il nostro senso di autodefinizione. Ci aiuta a rispondere ad alcune domande fondamentali che abbiamo su noi stessi: Chi sono? Chi voglio essere? Ma questo è prezioso solo fino a un certo punto. I confronti negativi costanti possono portare all'insoddisfazione, a sentimenti di inadeguatezza e diventare dannosi per la nostra salute emotiva nel tempo.

Riflettendo sul mio percorso per diventare neurologo, mi rendo conto che il raggiungimento del successo, soprattutto in campi competitivi come la medicina, spesso favorisce una mentalità di scarsità. Nella mia ricerca di ammissione alla facoltà di medicina, mi sono sforzata di eccellere a livello accademico, spinta dalla percezione di posti limitati disponibili. Ero anche una persona preoccupata. Questa mentalità mi ha portato ad adottare un approccio orientato al confronto, misurandomi costantemente con gli altri e preoccupandomi dei risultati negativi. Sono arrivata a riconoscono gli effetti dannosi di questa mentalità e hanno lavorato attivamente per coltivare l'autocompassione e la gentilezza.

Ora sono appassionata nell'esplorare l'impatto della mentalità sul benessere, sia nella mia pratica professionale che nella mia vita personale. Piuttosto che perpetuare il ciclo di paragoni, preoccupazioni e pensieri eccessivi, mi impegno a promuovere una cultura di generosità, autocompassione e comprensione. Attraverso il mio lavoro, mi propongo di mettere gli altri in condizione di abbracciare la gentilezza verso se stessi e gli altri, riconoscendo che il vero successo non si misura con il confronto, ma con la realizzazione interiore e la connessione autentica.

Come possono quelli di noi che sono iperpensanti trovare più pace, essere meno autocritici e sentirsi meno sopraffatti? E quali benefici per la salute del cervello potremmo scoprire in questo processo? È stato durante questo viaggio che ho scoperto la mindfulness.

Il potere della consapevolezza per il nostro cervello costituisce il cuore di questo libro. Sono entusiasta di condividere questo viaggio con lei e spero che, leggendo i prossimi capitoli, troverà le risposte che cercava alle domande di cui sopra e molto di più.

Cosa ci trattiene

Se considera spesso i modi per apportare cambiamenti positivi alla sua vita o cerca di migliorare una certa pratica che ha iniziato, non è solo in questa ricerca. Tutti possiamo capire il principio, ma solo quando ci mettiamo in mezzo scopriamo quanto possa essere difficile.

La realtà della condizione umana è che il cambiamento è spesso intimidatorio e non è insolito sentirsi annoiati o distratti, a disagio o confusi. Tutti vogliamo risultati rapidi, una soluzione veloce, per cui è molto facile perdersi d'animo o sentirsi frustrati e arrendersi quando il gioco si fa duro. Le suona familiare? Pensi a quanti propositi per l'anno nuovo vengono cestinati entro la fine di gennaio! Tuttavia, la perseveranza ha davvero i suoi frutti.

Le fornirò un esempio significativo di quanto potere possa avere la mente su una persona. La corsa era la mia nemesi 30 anni fa. Volevo rendere la corsa parte della mia routine di fitness, accettare la sfida di correre una mezza maratona o una maratona completa. Quando ho fatto la mia prima corsa, sono rimasta sconvolta dal fatto che non riuscivo a correre nemmeno un isolato senza dovermi fermare per riprendere fiato. Sapevo di dover costruire la mia resistenza nella corsa, quindi ho seguito un programma che tracciava la mia frequenza cardiaca e mi permetteva di costruire la mia resistenza nel tempo. In molti giorni, ho trovato questo modo di allenarmi noioso. Con il programma che avevo scelto, dovevo mantenere un ritmo lento per costruire la mia resistenza, ma al ritmo in cui correvo, chiunque accanto a me poteva passarmi accanto a passo svelto.

Mi sono sentita frustrata per i miei lenti progressi. *Perché è così difficile per me?* Pensavo tra me e me. *Riuscirò mai a correre un chilometro, figuriamoci una maratona?* Questi pensieri non facevano altro che rendere la mia mente più frustrata e stressata per la mancanza di progressi.

Un giorno, dopo settimane in cui mi sembrava di non migliorare, mi sono concentrata sul modo in cui inspiravo ed espiravo durante la corsa. Questo avveniva anni prima che sapessi cosa fosse l'allenamento di mindfulness, quindi non ero del tutto sicura di quello che stavo facendo, ma ho scoperto che concentrarmi sulla sensazione di ogni passo mentre inspiravo ed espiravo mi permetteva di impostare un ritmo costante e gestibile durante la corsa. Mentre mi concentravo sul respiro, ho scoperto che la mia mente rimaneva all'interno del momento, permettendo al respiro e al ritmo dei miei passi di guidarmi. Ho scoperto che questo mi ha aiutato a diventare più rilassata e nel momento in cui correvo.

Anche se la corsa potrebbe non essere uno dei suoi blocchi mentali nella vita, immagino che qualche attività la faccia sentire ansioso o stressato quando ci pensa, e più si fissa su questa attività, più diventa preoccupato. Spesso pensiamo a certe conversazioni che temiamo, a faccende quotidiane che non vogliamo portare a termine o a esperienze snervanti a cui ci preoccupiamo di partecipare. Questi sentimenti sono naturali, poiché tutti noi pensiamo troppo a un certo punto della nostra vita, ma quando questo accade, abbiamo due possibilità. Possiamo soffermarci su queste idee e percorrere la strada del peggioramento, oppure possiamo fare qualcosa e imparare a gestire le nostre emozioni con calma e compostezza. La chiave per fare quest'ultima cosa può essere sbloccata con la pratica della consapevolezza.

Mindfulness e neuroplasticità

Sebbene imparare a essere consapevoli non ci faccia innamorare dei compiti che non vogliamo fare, questa pratica può creare uno stato di rilassamento nella nostra mente, in modo da avere una percezione confortevole di ciò che ci circonda. Questo cambiamento ci permette di diventare un osservatore di qualsiasi problema o pensiero ansioso che stiamo avendo, piuttosto che rimanere un partecipante vulnerabile in un'esperienza infelice che non ci fa bene.

Quindi, che cos'è questa idea apparentemente straordinaria che può portare a esperienze di vita più soddisfacenti? Sebbene l'idea di mindfulness abbia una varietà di significati per diverse persone, il concetto si riduce principalmente alla creazione di una consapevolezza di un'esperienza. Spesso associamo la mindfulness solo alla pratica della meditazione e alla "pulizia della mente", ma è molto di più. Invece di non pensare a nulla o di cercare di liberare completamente la mente, cosa quasi impossibile, la pratica della mindfulness ci offre la possibilità di rimanere presenti nel momento attuale e di agire come osservatori dei nostri pensieri.

Non si può negare che praticare come creare uno stato di consapevolezza sia difficile. Per molti, l'idea di prendersi il tempo di rallentare o di aggiungere un'altra pratica alla loro agenda già piena di impegni non sembra fattibile. Questo sembra valido se si pensa alla mindfulness come a un'attività separata da aggiungere alla giornata, ma se si pensa che è collegata a tutto ciò che si fa, diventa un obiettivo più realistico.

Negli studi sul cervello, gli scienziati hanno trovato cambiamenti visibili che si verificano nella materia cerebrale come risultato diretto di una persona che impara a praticare la consapevolezza, in particolare con una pratica di meditazione. In uno studio, gli scienziati hanno concluso che anche una pratica a breve termine della mindfulness può alterare la capacità del cervello di aumentare la risoluzione dei conflitti e il controllo delle emozioni (Tang et al., 2012). Poiché la neuroplasticità, o plasticità cerebrale, significa che il nostro cervello è in grado di cambiare per adattarsi o rispondere agli stimoli interni ed esterni, le pratiche mindful che incorporiamo possono avere effetti duraturi sulla nostra percezione (Puderbaugh & Emmady, 2023).

Mindfulness popolare

Ha notato che l'idea di mindfulness e di cura di sé sembra essersi insinuata sempre di più nel nostro mondo nell'ultimo decennio? Il crescente interesse per il modo di diventare più calmi e liberi dallo stress negli ultimi dieci o vent'anni non è una coincidenza.

Allora, perché la mindfulness è così popolare come pratica oggi? Sebbene i ricercatori abbiano molte teorie per rispondere a questa domanda, hanno raggiunto diverse conclusioni principali. La più importante sembra riguardare lo stress in rapida crescita che la società affronta quotidianamente, la destigmatizzazione dei problemi di salute mentale e le prove scientifiche più promettenti che le pratiche mindful sono benefiche per la salute del cervello (Bernstein et al., 2019). Sebbene possa essere scoraggiante sapere che le circostanze stressanti hanno giustificato la popolarità di una pratica, si può trarre conforto dal fatto che, con i suoi benefici e la destigmatizzazione, l'incorporazione della mindfulness nelle scuole, nei luoghi di lavoro e nella cultura generale continuerà a beneficiare di questa pratica in forte espansione.

La mia passione per la Mindfulness

Lasciatemi prendere un momento per presentarmi. Da tempo sono affascinato dalle funzioni e dai misteri del cervello umano. Come neurologo e neuro-oftalmologo, lavoro con pazienti affetti da diverse patologie e ho dedicato oltre vent'anni della mia vita alla neurologia e alle neuroscienze. Mentre i medici e gli scienziati imparano ogni giorno di più in questo campo, la mia ricerca mi ha portato a vedere quanto sia d'impatto la pratica della mindfulness per il trattamento e la cura di un paziente. Oltre alla mia formazione medica, ho completato la formazione come ipnoterapeuta e ho trovato una passione per l'insegnamento dello yoga e della mindfulness agli altri.

Mi sono dedicata a portare la mindfulness in ambito medico e neurologico, attraverso una ricerca di buona qualità. Nell'ambito di questa passione e dedizione, ho condotto e condotto studi clinici di ricerca.

con la mindfulness come intervento terapeutico per le condizioni neurologiche e continua a lavorare instancabilmente in questo settore per migliorare i risultati dei pazienti.

Il mio obiettivo come medico, ricercatore e scrittore è quello di fornire agli altri informazioni di qualità che li aiutino a migliorare il loro benessere. Nella mia pratica clinica, vedo spesso pazienti che non sono consapevoli delle azioni che possono intraprendere per migliorare la loro salute sia fisica che mentale. Incontro anche molti pazienti che sembrano confusi sui benefici che una pratica consapevole può offrire.

Sebbene abbia scritto molti articoli di ricerca accademica e capitoli di libri, questo è il mio primo libro per il pubblico. La mia missione, quando mi avventuro in questo nuovo mondo della scrittura di libri per il pubblico, è quella di condividere informazioni di buona qualità e attuabili, a beneficio della salute e del benessere del suo cervello.

Questo libro aiuterà i principianti interessati alla mindfulness a introdurla con successo nella loro vita quotidiana. Il mio obiettivo è di fornirle informazioni utili, attuabili e pratiche per facilitare l'implementazione di questa pratica. Per coloro che sono interessati, ho anche condiviso i benefici della mindfulness attraverso una lente neuroscientifica.

Consideri questo libro la sua risorsa per iniziare un "anno di mindfulness", con idee di mindful e di cura di sé facili da seguire, che la aiuteranno a sentirsi tranquillo e motivato nel suo percorso verso il benessere.

Le idee offerte alla fine dei capitoli da 1 a 12 le permetteranno di iniziare, preparando le basi per un percorso consapevole attraverso approcci di cura di sé. Con questa guida, avrà a disposizione suggerimenti da cui attingere per ogni mese dell'anno. Potrebbe anche provare a incorporarne uno nuovo ogni giorno o settimana durante il suo "anno di mindfulness".

Sebbene le idee incluse in ogni capitolo non siano rivoluzionarie, sono intese come metodi semplici e pratici per iniziare a sviluppare una mente più aperta e positiva.

Queste idee per la cura di sé possono rasserenare il suo corpo e la sua mente, in modo da poter incorporare la mindfulness nella sua vita in modo costante. Sono anche abbastanza semplice da poter iniziare a incorporare alcune idee già da oggi, per dare il via a un'esistenza più consapevole.

Potrebbe trovare utile utilizzare questo libro insieme a pratiche guidate di consapevolezza, come le meditazioni di respirazione, il lavoro sul respiro, la scansione del corpo e le pratiche di movimento. Ne parlo nei capitoli pertinenti del libro e indico le audioguide a cui può accedere con questo libro.

Spero che trovi questo libro piacevole e utile.

"Il viaggio di mille miglia inizia con un solo passo".

\- **Lao Tzu**

Capitolo 1:

Esplorare la neuroplasticità

Ha mai assistito a un bambino in piena modalità meltdown? Sto parlando di calci e urla a terra perché qualcosa non sta andando come vorrebbe. In momenti come questi, pensa mai a se stesso: "*Ci sono giorni in cui anch'io ho voglia di fare così?*

Mentre gli adulti tendono a possedere la capacità di frenare le crisi fisiche nella vita, i nostri comportamenti ansiosi si diffondono in altri modi se non coltiviamo un approccio utile per gestire i fattori di stress.

Per esempio, un genitore impegnato che lavora dieci ore al giorno e deve comunque preparare la cena per la famiglia, preparare il pranzo per i figli per il giorno di scuola successivo e studiare per un corso online la sera, potrebbe trovare il suo umore più fluttuante del solito durante la giornata, a causa delle numerose attività che sta svolgendo. Questo genitore può sentirsi stressato, arrabbiato e persino litigioso a causa del suo programma fitto di impegni, ed è comprensibile.

Regolare i nostri sentimenti diventa una sfida quando saltiamo da un'attività all'altra giorno dopo giorno. Se ne ha la possibilità, rallenti per qualche istante dopo una giornata intensa. Come ci si sente? Per molti, la mente potrebbe essere ancora in movimento per lo slancio di ciò che hanno vissuto fino a quel momento, con conseguente incapacità di rilassarsi. La mente di una persona può vagare sulla lista delle cose da fare o su un errore su cui si è fissata all'inizio della giornata.

Alcuni tentano di combattere l'incessante frenesia della vita con vizi come il caffè, l'alcol, le droghe o lo spreco di denaro in oggetti non necessari, ma questo tende a fornire solo un sollievo temporaneo dallo stress che stiamo vivendo. Esiste un altro approccio alla vita che non richiede attrezzature costose, iscrizioni a palestre o abitudini negative per creare un migliore senso di sé e di benessere. Si tratta della capacità di rimodellare il nostro cervello.

Segnali cerebrali importanti

Ammettiamolo: il nostro cervello cerca di fare più di quanto a volte vorremmo. Se le è mai capitato di avere la mente in agitazione durante la notte, quando vorrebbe solo dormire, sa di cosa sto parlando. A causa delle complessità e delle funzioni del cervello, esso vuole dare un senso alle situazioni e organizzare i pensieri in categorie nella nostra mente nella maggior parte dei momenti della giornata. Utile, vero? Se da un lato questa capacità è straordinaria per la risoluzione dei problemi e per il processo decisionale rapido, dall'altro non è altrettanto fantastica quando vogliamo rilassarci, ma non siamo in grado di "spegnere" il pensiero costante.

Il nostro cervello lavora costantemente dietro le quinte per assicurarsi che i messaggi siano inviati e le connessioni siano create in modo da interpretare ed elaborare correttamente le informazioni. I segnali che il nostro cervello invia danno vita ai nostri movimenti muscolari, alla vista, all'udito, all'olfatto, al gusto e al tatto.

Ipunto di incontro vitale per la comunicazione nel nostro cervello è noto come sinapsi, che è un'area che rilascia segnali chimici chiamati neurotrasmettitori (Sivadas & Broadie, 2020). "Una delle cose più importanti del nostro cervello è che le sinapsi cambiano quando le usiamo. Questi cambiamenti nelle sinapsi (plasticità) ci permettono di apprendere nuove informazioni e di ricordare ciò che abbiamo imparato" (Sivadas & Broadie, 2020). È attraverso questi segnali che la nostra mente forma i ricordi che ci aiuteranno per tutta la vita.

Senza queste sinapsi, dovremmo reimparare dall'inizio i passaggi delle attività quotidiane che svolgiamo ogni volta che proviamo a farle. Naturalmente, quando il cervello è alterato, se subisce una lesione come un ictus, una commozione cerebrale o lo scoppio di un aneurisma, i messaggi delle sinapsi possono avere difficoltà a completare il loro lavoro. La plasticità del nostro cervello permette che si verifichino cambiamenti positivi o negativi, ed è per questo che incorporare le pratiche mindful nella nostra vita può permettere alle nostre reti cerebrali di cambiare nel miglior modo possibile.

Abbracciare la pratica

Se ha esitato a incorporare più pratiche di consapevolezza nella sua vita, perché non crede di avere abbastanza tempo o perché semplicemente non riesce a immaginare il valore che le fornirà, consideri quanto segue. Le pratiche di mindfulness non devono necessariamente essere qualcosa che una persona dedica alla propria giornata separatamente. Invece, le attività mindful che si svolgono sono destinate a migliorare ogni aspetto della giornata di una persona, portando una maggiore concentrazione, chiarezza e tranquillità in tutte le situazioni. Come per ogni cosa, all'inizio ci saranno giorni difficili e giorni facili con la mindfulness. Consideri la mindfulness come una pratica di vita continua.

Anche se l'incorporazione di pratiche mindful non garantirà che una persona abbia zero stress nella sua vita, può migliorare la capacità del cervello di vedere le situazioni stressanti con resilienza, ottimismo e positività, permettendo a una persona di avere un umore e una mentalità più stabili in ogni attività che svolge. Immagini le possibilità per lei quando sblocca la capacità di controllare meglio i suoi sentimenti e le sue reazioni.

Questa pratica richiede un'apertura che spesso diventa un ostacolo per i principianti. Molte persone hanno le migliori intenzioni di iniziare una pratica di consapevolezza attraverso la meditazione, ma presto si annoiano o si distraggono, rinunciando rapidamente perché sentono di non eseguire l'esercizio correttamente. Se questo le suona familiare, mi permetta di rassicurarla sul fatto che rimanere con questa pratica nel tempo ripaga in modo esponenziale. Può imparare a rimanere consapevole in tutto ciò che prova e, con l'aiuto di tecniche come la meditazione, la respirazione profonda e le scansioni del corpo, può arricchire ogni altra attività o compito che si propone di portare a termine.

L'importanza di mettere i piedi per terra

Inizi questo viaggio comprendendo che ci sono centinaia di tecniche per aiutarla con la consapevolezza durante la sua giornata, ma non è necessario che si concentri su ognuna di esse per ottenere alcuni benefici iniziali.

da una pratica mindful. Incorporare anche piccole tecniche mindful per un breve periodo può mostrare benefici positivi e misurabili per le regioni frontali e prefrontali del cervello, portando i ricercatori a concludere che le pratiche di mindfulness rimodellano positivamente la materia grigia del cervello, la corteccia prefrontale, l'amigdala e l'ippocampo (Hölzel et al., 2011).

La chiave per iniziare, come per qualsiasi nuova pratica, è non farsi sopraffare dall'inizio. È il momento di radicarsi nel processo e di non affrontare troppe cose in una volta sola. Sebbene questo libro offra molte tecniche e suggerimenti per aiutare la consapevolezza, è importante scegliere ciò che è giusto per lei. Può essere certo che incorporare qualsiasi tecnica l'aiuterà a sentirsi più calmo e fiducioso durante la sua giornata, ma è meglio iniziare prima con quelle che la aiuteranno a radicarsi in una futura pratica di consapevolezza, in modo da voler continuare.

Nei prossimi capitoli, troverà alla fine delle sezioni che offriranno idee mindful collegate all'argomento del capitolo. Queste sono pensate per darle un modo immediato di mettere in pratica il suo apprendimento, sviluppando un approccio più consapevole alla vita.

Scelga ciò che ritiene più adatto a lei, in base al suo programma e ai suoi obiettivi. Sebbene sia fantastico provare nuove idee, se tenta una tecnica che la mette a disagio, si permetta di provare qualcosa di diverso, rimanendo aperto ad imparare e a crescere dal processo.

Sviluppare le sue abilità nella consapevolezza diventa più facile con il tempo e la pratica, ma richiede anche pazienza da parte sua. L'apertura che lei porta a queste tecniche la aiuterà a ottenere i maggiori benefici dalla sua pratica.

Si ricordi, innanzitutto, di concentrarsi su piccoli modi per migliorare e sviluppare la sua pratica ogni giorno.

Idee Mindful per mettere i piedi per terra

Le idee che seguono sono suggerimenti per radicarsi in una pratica piena di nuove opportunità per lei. Sono semplicemente idee che possono aiutare una persona a prepararsi ad avere un atteggiamento più consapevole. Sono anche idee che aiutano a calmare rapidamente la mente quando si sente stressato o ansioso.

Nei prossimi capitoli, imparerà di più sulle pratiche e sulle tecniche di meditazione specifiche, ma per ora lasci che queste idee la guidino nel diventare più pronto a coltivare un'apertura per la sua pratica.

- Trovi una sedia comoda, chiuda gli occhi e stia semplicemente seduto con i suoi pensieri per cinque minuti.

- Crei o trovi uno spazio all'interno della sua casa che le procuri un senso di calma o di felicità.

- Trovi un oggetto morbido che la faccia sentire soddisfatto o tranquillo, come una coperta, un cuscino o un pigiama accogliente.

- Acquisti, stampi o disegni un calendario per tenere traccia delle pratiche di mindfulness.

- Scelga un'ora nella prossima settimana. Riservare questo tempo per un'attività preferita da svolgere da solo, come fare un bagno o una doccia, fare un pisolino o fare una passeggiata.

- Inizi a prestare attenzione all'illuminazione della sua casa. Cambierebbe qualcosa? L'illuminazione è calmante o no? Che cosa cambierebbe (se c'è)?

- Trovi della carta bianca o un quaderno vuoto per iniziare a scrivere un diario durante il suo futuro percorso di mindfulness. Inizi a impostare un timer per 10 minuti ogni giorno e scriva liberamente durante questi minuti (nei capitoli successivi, parlerò di argomenti che la aiuteranno a concentrarsi).

- Rifaccia il letto (si concentri sul rendere il suo spazio di riposo pulito e accogliente).Faccia un elenco di tre persone su cui può contare. Queste potrebbero essere considerate i suoi amici o familiari di riferimento per i momenti in cui ha bisogno di aiuto.

- Scriva un elenco di cinque canzoni (o artisti musicali) che trova calmanti o soddisfacenti.

- Pensi a un abbigliamento che la faccia sentire sicura di sé (lo indossi questa settimana).

- Trovi un posto in casa sua per sedersi e osservare l'ambiente circostante senza giudicarlo per 10 minuti. Cosa nota?

- Crei un mantra per se stesso. Potrebbe essere semplice come "Rimani presente". Dica questo mantra a se stesso ogni mattina, come prima cosa da fare al risveglio.

- Se è ansioso, faccia tre respiri lenti e profondi, inspirando ed espirando (approfondiremo le tecniche di respirazione in un capitolo successivo).

- Faccia una breve passeggiata di 15 o 20 minuti oggi. Presti attenzione ai suoi sensi. Cosa vede, sente e annusa mentre cammina?

- Conta da 1 a 10 lentamente, poi conta all'indietro da 10 a 1 lentamente.

- Trovi una candela o un profumo per la sua casa che la faccia sentire tranquilla. Chiuda gli occhi e annusi questo profumo quando si sente ansioso.

- Picchietti delicatamente su e giù per le braccia con la punta delle dita per venti secondi, respirando. Poi, si fermi e si rilassi. Noti come si sente.

- Completi un piccolo compito per provare un senso di realizzazione. Dovrebbe essere qualcosa in cui è bravo e che può portare a termine con facilità.

- Esca all'aperto e respiri semplicemente per cinque minuti.
- Si sieda su una sedia o si sdrai sul letto quando è ansioso. Chiuda gli occhi e pensi di trovarsi nel suo luogo preferito, come un campo di fiori o un centro benessere.
- Cancelli un'applicazione non necessaria dal suo telefono (inizi con poco; continueremo la discussione sulla riduzione dell'uso del telefono e delle distrazioni nei prossimi capitoli).
- Mantenga la camera da letto buia quando dorme (veda il contenuto bonus sul sonno nell'appendice).
- Si lavi le mani e il viso (sarà sorpreso di quanto possa sentirsi a terra e soddisfatto).
- Parli con qualcuno che ammira e che emana positività.
- Si prenda una pausa per leggere un libro da 30 minuti a un'ora.
- Spostare le posizioni (da una stanza all'altra per ottenere una nuova prospettiva).
- Crei un personaggio per i suoi sentimenti. Per esempio, "Disegni o descriva [la sua ansia] come un piccolo pupazzo gremlin, un animale o un fantasma da cartone animato. Poi potrà narrare mentalmente la storia delle sue interazioni con l'ansia" (Regan, 2023). Questo può aiutarla a capire che le sue emozioni non devono controllarla e che lei è responsabile delle sue reazioni alle situazioni.
- Riconoscere se stesso. Dove si trova nella sua vita in questo momento? Dichiari ad alta voce l'ora, il mese e l'anno. Descriva cosa sta facendo oggi. Questo può aiutare a portare la sua consapevolezza al momento presente.
- Guardi o ascolti una delle mie pratiche di meditazione guidata gratuite (vedi appendice). Cominci a notare che cosa può imparare a gradire della pratica della meditazione.
- Consideri ciò per cui è grato oggi. Pensi a tre oggetti, persone o concetti per i quali potrebbe mostrare gratitudine. Utilizzi

il suo diario della gratitudine per completare questo esercizio o scaricare uno di questi modelli gratuiti per scrivere la sua risposta.

Punti chiave

- La comunicazione avviene nel centro messaggi del cervello, che ci permette di ricevere e scambiare informazioni attraverso le sinapsi e il rilascio di sostanze chimiche.

- La plasticità del cervello cambia e si adatta alle nuove esperienze, sia positive che negative.

- Le tecniche Mindful aiutano a calmare e osservare i pensieri, in modo da alleviare lo stress e formare una mentalità di crescita.

Quando inizia a considerare quali opzioni la aiuteranno a sentirsi più radicato per creare una mentalità più positiva, si ricordi di iniziare lentamente e di usare un linguaggio positivo. È difficile iniziare qualsiasi pratica senza una mente aperta e la volontà di provare qualcosa di nuovo, quindi si offra la possibilità di rimanere curioso nella sua esplorazione della mindfulness.

"Rimani curioso, rimani aperto... e vediamo cosa succede".

Capitolo 2:

Mindfulness e cervello

Se immagina le caratteristiche fisiche del cervello umano, cosa le viene in mente? Potrebbe visualizzare una scena di un film di fantascienza in cui una massa umida e rosata con scanalature ondulate galleggia in un barattolo o siede su un vassoio d'argento in un laboratorio. In genere, gli aspetti fisici del cervello non sembrano molto, ma le funzioni di questo organo misterioso sono fenomenali.

Il nostro cervello è composto da tessuti che dirigono costantemente le nostre risposte, i sensi, il movimento, le capacità di comunicazione, la memoria, i sentimenti, il linguaggio e il pensiero (Maldonado & Alsayouri, 2023). Quando ci sentiamo eccitati, arrabbiati, sopraffatti, sorpresi o spaventati, il nostro cervello lavora duramente per dare un senso a tutto questo. Il nostro cervello lavora naturalmente per fare questo per noi, ma qualsiasi danno o malattia del cervello può interrompere i segnali e i messaggi che cercano di spostarsi da un luogo all'altro. Lo studio delle sezioni del cervello e delle loro funzioni può aiutarci a capire meglio perché la cura di sé e la conservazione della memoria sono importanti per il nostro benessere.

In questa sezione, esamineremo le parti principali del cervello e le loro funzioni, in modo da capire come influiscono sul nostro umore e sulla nostra mentalità. Poiché è stato dimostrato che il rinforzo e l'allenamento cognitivo hanno un impatto positivo sull'attività cerebrale, è utile conoscere le principali aree coinvolte nella funzione cerebrale, in modo da capire come la pratica della mindfulness possa essere benefica.

Cosa sappiamo del cervello

Sebbene il cervello contenga ancora molti misteri, la ricerca scientifica ci ha permesso di avere una comprensione più profonda delle sue funzioni. Il

I lati destro e sinistro del cervello, chiamati collettivamente cervello, contengono pieghe e creste sulla loro superficie (Maldonado & Alsayouri, 2023). Il cervelletto si collega al tronco encefalico e aiuta a controllare i comportamenti, i sentimenti, la memoria e le funzioni motorie e sensoriali (Maldonado & Alsayouri, 2023). Il lato sinistro del cervello assiste nel linguaggio e nell'elaborazione dei concetti logici, mentre il lato destro controlla le idee più creative e intuitive. I due lati lavorano in tandem per dare un senso alle idee astratte e ai concetti tangibili che incontriamo ogni giorno.

I quattro lobi

All'interno di queste sezioni del cervello, quattro lobi aiutano a mettere a punto ancora di più le nostre capacità di elaborazione.

Lobo frontale

Questo lobo si occupa delle funzioni linguistiche, cognitive e motorie, permettendo alla persona di regolare l'umore, la consapevolezza di sé e la personalità (Maldonado & Alsayouri, 2023). Si pensi a quest'area del cervello come alla parte che le dà la capacità di pianificare e controllare ciò che vuole fare.

Lobo parietale

Il lobo parietale aiuta la persona a chiarire le informazioni sensoriali e assiste la memoria (Maldonado & Alsayouri, 2023). Senza questa parte, non saremmo in grado di elaborare le temperature sulla pelle o la consapevolezza spaziale.

Lobo temporale

Il lobo temporale funziona come una centrale di elaborazione del linguaggio, sia scritto che parlato (Maldonado & Alsayouri, 2023). Quest'area ci permette di immagazzinare e recuperare le informazioni, in modo da poter riconoscere e conservare i ricordi del passato.

Lobo occipitale

Infine, il lobo occipitale lavora per interpretare le immagini visive (Maldonado & Alsayouri, 2023). Questo lobo ci aiuta nel riconoscimento facciale e nella percezione della profondità.

Il cervelletto

Poi, il cervelletto è un centro di controllo dei movimenti e delle funzioni motorie. "Il cervelletto aiuta anche in varie funzioni cognitive come l'attenzione, il linguaggio, la risposta al piacere e la memoria della paura" (Maldonado & Alsayouri, 2023). È in quest'area che il nostro cervello lavora per perfezionare il modo in cui vogliamo muovere il corpo. "Nuovi studi stanno esplorando i ruoli del cervelletto nel pensiero, nelle emozioni e nel comportamento sociale, nonché il suo possibile coinvolgimento nella dipendenza, nell'autismo e nella schizofrenia" (Johns Hopkins Medicine, 2022).

Il tronco encefalico

Infine, il tronco encefalico è costituito dal mesencefalo, dal pons e dal midollo allungato, aree che lavorano insieme per controllare le funzioni corporee. Il tronco encefalico collega il cervello al midollo spinale e crea connessioni per controllare le "funzioni autonome come la respirazione, la regolazione della temperatura, la respirazione, la frequenza cardiaca, i cicli veglia-sonno, la tosse, gli starnuti, la digestione, il vomito e la deglutizione" (Maldonado & Alsayouri, 2023).

Come le pratiche Mindful possono modellare il cervello

Ogni giorno, il nostro cervello lavora duramente per dare un senso a ciò che ci circonda e inviare messaggi alle parti del nostro corpo che vogliamo funzionino correttamente. Sebbene il cervello faccia tutto questo con uno sforzo minimo di realizzazione, in realtà lavora molto duramente per imparare le lezioni e categorizzare gli eventi. Come il nostro cervello conserva le informazioni di ogni esperienza, e si aggiunge al ricablaggio che si verifica di conseguenza.

Quando una persona si trova in una situazione che richiede una reazione, il suo cervello lavora per scegliere una risposta che la protegga al meglio. Probabilmente ha sentito parlare dell'idea di "lotta" o "fuga", ma queste reazioni fanno sì che il nostro cervello e il nostro corpo si aggrappino ai ricordi di queste risposte ogni volta che si verificano, in modo da poter imparare dall'esperienza. Il modo in cui rispondiamo alle circostanze ha un impatto sulla materia grigia, ovvero il tessuto del nostro cervello che ci permette di funzionare e di prendere decisioni intelligenti (Hölzel et al., 2011). Il cervello invia messaggi attraverso le secrezioni ormonali di cortisolo e adrenalina, fornendo alla persona una risposta che la protegge in molti casi, ma che nel tempo aumenta lo stress mentale e fisico.

Se ha mai notato i muscoli delle spalle tesi o la mascella serrata al termine di una giornata di lavoro stressante, può capire l'impatto che queste esperienze possono avere fisicamente sul corpo. Nel tempo, il corpo e la mente continuano a trattenere lo stress se non hanno uno sbocco per liberarsi dalla tensione. Malattie cardiache, depressione, ansia, morbo di Alzheimer, obesità e problemi gastrointestinali sono solo alcuni dei rischi per la salute associati allo stress a lungo termine (R. Morgan Griffin, 2010).

In un mondo frenetico e inondato di distrazioni, nutrire la nostra salute cerebrale non è mai stato così cruciale. In mezzo al caos, la mindfulness emerge come uno strumento potente. Attraverso l'attenzione deliberata al momento presente, la mindfulness ci invita a osservare i nostri pensieri, emozioni e sensazioni senza giudicare. Così facendo, possiamo favorire una comprensione più profonda dell'intricato funzionamento della nostra mente.

La ricerca dimostra sempre più la miriade di benefici della mindfulness per la salute del cervello, dalla riduzione dello stress e dell'ansia al miglioramento della funzione cognitiva e della regolazione emotiva. Alcune scoperte recenti si sono concentrate su come una pratica quotidiana a lungo termine di meditazione consapevole possa aumentare la densità della materia grigia. La materia grigia è la parte del cervello e del midollo spinale composta principalmente da corpi cellulari neuronali e dendriti, essenziali per elaborare le informazioni e svolgere le funzioni cognitive. Ha un impatto sulle nostre emozioni, sulla comunicazione e sulle capacità decisionali. La meditazione mindful è stata anche collegata all'aiuto diispessiscono l'ippocampo, che è associato alla regolazione emotiva e alla memoria.

Mindfulness regolare

Per calmare la nostra mente e il nostro corpo, il nostro cervello ha bisogno di attività che offrano una pausa dalla normalità e ci diano la possibilità di ricalibrare il nostro benessere fisico e mentale. Molti credono che la pratica della consapevolezza debba concentrarsi esclusivamente sulla meditazione, ma esistono numerosi modi per calmare e rinfrescare la mente e il corpo.

Quando una persona incorpora le pratiche mindful nella sua giornata, è probabile che provi un senso di calma, gratitudine e speranza che, nel tempo, la aiuta a costruire una connessione intima con il suo posto nel mondo e a sentirsi più felice e soddisfatta di se stessa in generale.

Per dimostrare come le pratiche mindful offrano un senso di connessione anche se praticate da soli, immagini il modo in cui si sente quando ha la possibilità di partecipare a un'attività che ama rispetto a una che non ama. Come si sente al termine dell'attività? Quando finisce di fare qualcosa che non le piace, può provare un senso di sollievo per aver finito il lavoro, ma può anche sentirsi stanco e incapace di portare a termine altri compiti.

Le attività mindful ci offrono la possibilità di trascorrere dei momenti interagendo con i nostri pensieri e sentimenti e concentrandoci su qualcosa in modo calmo, in modo da poter poi assorbire l'energia che ci offre e utilizzarla per svolgere altre attività in modo mindful.

Anche se la consapevolezza non è magica, offre vantaggi per la vita in generale, tra cui una nuova consapevolezza e apertura verso le esperienze e le persone, una maggiore empatia e compassione per gli altri, e la capacità di comprendere lo stress e di reagire ad esso con un approccio regolato.

In uno studio sull'impatto che la mindfulness può offrire, i ricercatori hanno studiato il cervello di persone che avevano meditato per circa 30 minuti al giorno per otto settimane consecutive (Hölzel et al., 2011). Misurando l'attività cerebrale, questi ricercatori hanno riscontrato che la materia grigia del cervello dei partecipanti era diventata più concentrata rispetto a quella che si trovava al momento della meditazione.

all'inizio del loro esperimento, dimostrando che le aree che innescano i ricordi, il senso di sé e l'empatia sono state impegnate in modo più completo nel corso del tempo, come risultato della loro pratica mindful. La ricerca ha anche dimostrato che più a lungo una persona pratica la meditazione, più migliora la sua concentrazione e attenzione (Baron Short et al, 2010).

Nella mia ricerca, studi preliminari che utilizzano la risonanza magnetica funzionale (fMRI), che è un modo per mostrare le connessioni della rete cerebrale, hanno mostrato il potenziale delle pratiche di mindfulness di modificare le reti cerebrali nel contesto delle condizioni neurologiche (Wong et al, 2024).

Anche se i misteri del cervello vengono ancora svelati dai ricercatori ogni giorno, è utile avere un'idea di quali pratiche e tecniche possono apportare benefici alla mente di una persona.

Nel nostro mondo frenetico e senza sosta, la mindfulness può sembrare un lusso lontano. Tuttavia, come ha poeticamente pensato William Henry Davies, "Che cos'è questa vita se, pieni di preoccupazioni, non abbiamo tempo per stare e fissare?".

Il flusso costante della nostra vita moderna rende la mindfulness non solo impegnativa, ma anche sempre più essenziale.

Al suo centro, la mindfulness ci invita ad abbracciare pienamente il momento presente, riconoscendo i nostri pensieri, le emozioni e le sensazioni che sorgono in risposta al mondo che ci circonda. Coltivando questa consapevolezza, possiamo alleviare le preoccupazioni inutili, assaporare le gioie della vita e acquisire una conoscenza più profonda di noi stessi.

Sebbene l'integrazione della mindfulness nella nostra routine quotidiana sia preziosa, dedicare del tempo alle pratiche di mindfulness può amplificarne i benefici. Ecco varie tecniche che può incorporare nella sua giornata:

- Meditazione Mindfulness: Durante la frenesia della vita, in una metropolitana affollata o fermo ad un semaforo rosso, dedichi un momento per concentrarsi sul respiro. Osservi semplicemente il suo flusso e riflusso, permettendo al suo ritmo di fungere da ancoraggio al momento presente, radicandola nel caos. Può anche programmare questa attività nella sua routine domestica, ad esempio mettendo da parte dieci minuti di silenzio.

minuti la sera, mentre si rilassa alla fine di una giornata intensa.

- Aprire la consapevolezza: Coinvolga pienamente i suoi sensi, immergendosi nel ricco arazzo del mondo che la circonda. Prenda nota dei suoni, dei colori e delle sensazioni che la circondano. Questa pratica coltiva una profonda connessione con il momento presente, favorendo un senso di presenza.

- Scansione del corpo: Dedichi un momento a sintonizzarsi con il suo corpo, scrutando eventuali aree di tensione, disagio o sensazioni sottili. Senza esprimere giudizi, riconosca semplicemente ciò che sente, abbracciando l'unità del suo io fisico ed emotivo. Questa pratica colma il divario tra mente e corpo, favorendo un senso di interezza e di autoconsapevolezza.

- Movimento consapevole: Abbracci il movimento con lo yoga, il tai chi o il pilates. Con ogni allungamento e allungamento, si concentri sul ritmo del suo respiro e sulle sensazioni del suo corpo. Trasformi ogni movimento in un'opportunità di consapevolezza, radicandosi nel momento presente.

- Spazi di respirazione in 3 fasi: Gli Spazi di Respirazione in 3 Fasi sono una tecnica insegnata nella Terapia Cognitiva Basata sulla Mindfulness (MBCT). Inizia con la consapevolezza aperta, prendendo un minuto per notare ciò che è presente nel momento con le sue emozioni, le sensazioni nel suo corpo, i suoi schemi di pensiero o le sue preoccupazioni. Poi, raccoglie la sua attenzione e la fissa sul respiro, per circa un minuto. Faccia dei respiri profondi e intenzionali, permettendo ad ogni inspirazione ed espirazione di ancorarla saldamente al momento presente. Faccia una breve pausa tra un respiro e l'altro e trovi un rifugio in mezzo al caos, alimentando un senso di pace e tranquillità interiore. Infine, espanda la sua consapevolezza dal respiro a tutto il corpo. Noti come si sente ora rispetto a quando ha iniziato.

- Consapevolezza dei pensieri e delle emozioni: Si addentri nelle profondità del suo paesaggio interiore, coltivando un'acuta consapevolezza dei suoi pensieri e delle sue emozioni quando affiorano. Li osservi con curiosità gentile, permettendo loro di sorgere e di passare senza aggrapparsi o giudicare. In questa pratica di accettazione radicale, abbraccia l'intero spettro della sua esperienza umana, favorendo un senso di auto-comprensione.

Nei capitoli successivi approfondiremo alcune di queste tecniche e mostreremo come queste pratiche possono sostenere diversi aspetti della sua vita e della salute del cervello. Vedere l'appendice per le audioguide che introducono le pratiche di cui sopra.

Idee mindful per migliorare la salute del cervello

La pratica della meditazione consapevole, di cui parleremo in un capitolo successivo, può aiutare la mente e il corpo a resettarsi.

Nel frattempo, le idee seguenti offrono un modo per integrare la sua giornata con pratiche e attività di autocura brevi e realizzabili, per mantenere il suo cervello attivo e vigile. Le idee qui delineate sono da prendere in considerazione se sta cercando di calmare le risposte allo stress nel suo corpo e di ottenere un migliore senso di regolazione emotiva e di consapevolezza nel tempo.

Come promemoria, le idee che seguono non sono destinate ad essere completate tutte in una volta. Non sono nemmeno destinate ad essere affrontate come un insieme. Invece, questo elenco le offre un menu di opzioni tra cui scegliere se desidera provare un'attività che nutra la salute del cervello.

- Imponga dei limiti intenzionali al tempo trascorso sullo schermo e pratichi un uso consapevole della tecnologia, facendo delle pause per riposare gli occhi e riorientare l'attenzione lontano dalle distrazioni digitali.

- Semplifichi il processo decisionale riducendo il numero di opzioni, quando possibile, poiché un'abbondanza di scelte può sovraccaricare la mente e portare all'affaticamento mentale.

- Faccia delle liste di cose da fare e cancelli le voci. Noti come si sente il senso di realizzazione.

- Trovi delle opportunità per creare delle routine ogni giorno. Ad esempio, inizi ad andare a letto e a svegliarsi ogni giorno alla stessa ora. Tenga un diario per monitorare come si sente durante la giornata.

- Protegga il suo tempo e crei dei limiti per se stesso. Noti come si sente dopo essersi concesso del tempo per riposare e ricaricarsi.

- Faccia un elenco delle tre persone principali che la rendono felice e invii loro un messaggio per dire quanto sia grato di averle nella sua vita.

- Faccia un elenco delle tre cose principali che le portano pace. Programmi un tempo dedicato a queste cose nella sua settimana. Che si tratti di un caffè in un bar, di vedere un amico, di portare a spasso il suo cane o di trascorrere una giornata pigra.

- Trovi dei modi per premiarsi per un lavoro ben fatto o per aver portato a termine dei compiti. Lasci che questa ricompensa motivi il suo cervello a continuare a realizzare.

- Tenga un diario della gratitudine. Alla fine di ogni giornata, dedichi un po' di tempo a riflettere sulla sua giornata e scriva tre cose per cui è grato. Possono essere piccole come uno spuntino delizioso o un'osservazione gentile da parte di una persona cara.

- Pratica l'ascolto attivo durante le conversazioni, le riunioni o quando ascolta la musica, coinvolgendo completamente i suoi sensi e riducendo le distrazioni mentali.

- Qual è qualcosa che ha sempre desiderato conoscere meglio? Si conceda del tempo per esplorare la sua curiosità, leggendo un libro, guardando un documentario, assistendo ad una conferenza o visitando un museo.

- Trascorra del tempo nella natura. È dimostrato che gli spazi verdi (come un parco, una foresta o un campo) e gli spazi blu (come l'oceano, un lago o un fiume) aiutano a calmare la nostra mente e a promuovere sentimenti di appagamento.

- Mangiare cibi ricchi di vitamine e antiossidanti, come spinaci, cavolo, acidi grassi omega-3, olio d'oliva e avocado. Limiti la sovralimentazione moderando le dimensioni delle porzioni.

- Rimanga in contatto con la sua comunità e prenda in considerazione la possibilità di partecipare ad attività sociali.

- Imparare il tai chi, una forma dolce di arti marziali, per migliorare l'equilibrio, la coordinazione e le funzioni cognitive, favorendo il rilassamento.

- Faccia dei giochi cerebrali, come i rompicapo, e si accorga di come ci si sente quando ci si lancia in una sfida.

- Limiti l'assunzione di alcol. Potrebbe tenere un diario di quando beve alcolici e di come si sente. Monitorare il suo impato e apportare modifiche che favoriscano il modo in cui vuole sentirsi.

- Programmi controlli regolari con i medici per cose come il controllo degli occhi e con il dentista. Queste piccole cose possono essere molto gratificanti e darle la sensazione di prendersi cura di sé in modo proattivo.

- Abbracci il viaggio per smettere di fumare come una pratica consapevole, coltivando la consapevolezza degli effetti nocivi del fumo sulla salute fisica e sul benessere mentale.

- Limiti lo zucchero nella sua dieta, ma non si costringa a smettere se goloso di dolci. Quando mangia qualcosa di dolce, si prenda il suo tempo, lo assapori e si goda il momento.

- Impostate una sveglia un'ora prima di andare a letto per ricordare al vostro cervello e al vostro corpo di iniziare a riposare per la notte. Crei una routine di supporto per una notte riposante, che includa stretching, giornalismo, una tisana, lettura o qualsiasi altra cosa che la aiuti.

NB: Le idee di autocura di cui sopra aiutano a sistemare il cervello e il corpo per le pratiche regolari di meditazione mindfulness. Vedere l'Appendice per le audioguide gratuite sulle meditazioni di consapevolezza. Utilizzi queste audioguide insieme alle pratiche di autocura di cui sopra, mentre intraprende il suo "Anno della Mindfulness".

Punti di forza

Nel considerare come incorporare pratiche più consapevoli nella sua vita, sia creativo con le opportunità che le vengono offerte. Ascolti la sua voce interiore quando decide quali attività sono giuste e utili per lei.

- Il tessuto cerebrale controlla le funzioni sensoriali, il movimento, la memoria e il linguaggio.

- I quattro lobi del cervello - frontale, parietale, temporale e occipitale - permettono alla persona di assorbire, elaborare e reagire alle esperienze.

- Il tronco encefalico e il cervelletto controllano alcuni movimenti del corpo.

- Gli studi dimostrano che la materia grigia del cervello e le reti cerebrali rispondono alle pratiche mindful, con un impatto positivo sulle persone.

Andando oltre la nostra discussione di base sui modi in cui le pratiche mindful hanno un impatto sul cervello, inizieremo a esaminare aspetti più specifici della memoria e delle funzioni cognitive per beneficiare della salute del cervello.

Capitolo 3:

Memoria e Mindfulness

Inspiri profondamente e poi espiri a lungo. Che odore sente in questo momento? Se le capita di essere vicino a una composizione floreale, a un deodorante per ambienti o a un determinato alimento, è probabile che le sia più facile identificare rapidamente il ricordo che questo particolare profumo potrebbe suscitare in lei.

L'olfatto è uno dei nostri sensi più potenti che aiuta la memoria. "La caratteristica più distintiva dei ricordi evocati dagli odori, tuttavia, e il motivo per cui sono importanti per la salute e il benessere umano, è che evocano ricordi più emotivi ed evocativi rispetto ai ricordi innescati da qualsiasi altro indizio" (Herz, 2016). Probabilmente ha avuto un ricordo che è stato provocato da un particolare senso nel suo recente passato. Ad esempio, ricordo ancora il profumo degli oli profumati nella casa di mia nonna e, quando oggi sento un profumo simile, vengo trasportata indietro alle mie visite a casa sua durante l'infanzia.

Ognuno di noi ha dei ricordi che sono significativi per noi e che hanno contribuito a formare la nostra personalità. Siamo una specie che impara attraverso l'esperienza e ogni ricordo che conserviamo contribuisce alla nostra capacità decisionale nel presente. Pertanto, il nostro potenziale di attingere ai pensieri profondi della nostra mente può offrire indizi sul tipo di persona che siamo, nonché su ciò che ci sforziamo di essere.

Il potere della mente e della memoria

La mente cosciente è dinamica e prolifica. Funziona automaticamente senza che una persona debba concentrarsi sulla comunicazione tra le sinapsi all'interno del cervello. Se le è mai capitato di svegliarsi in un luogo che non le è familiare, come la casa di un amico o un camera d'albergo, ha sperimentato che la sua mente lavora rapidamente per ricordare l'ambiente in cui si trova e per dare un senso a ciò che la circonda. La nostra mente cosciente si aggrappa e memorizza le esperienze e le conoscenze precedenti, in modo da mantenere una certa familiarità con situazioni che altrimenti potrebbero risultare scomode.

Quindi, cosa succede quando una lesione al cervello o una malattia offuscano la consapevolezza di ciò che ci circonda o causano un vuoto di memoria? Quando ciò avviene, le capacità cognitive e la consapevolezza di una persona possono essere influenzate al punto che è più difficile concentrarsi e richiede più tempo per elaborare le informazioni sensoriali. Una lesione o una malattia che colpisce il cervello può avere un impatto non solo sulla memoria, ma anche sul processo decisionale, sulle capacità multitasking e sulla comunicazione attraverso il linguaggio o la scrittura (Mayo Clinic, 2021). Inoltre, possono verificarsi cambiamenti fisici e comportamentali. Nei casi, ad esempio, in cui una persona subisce un trauma cranico che causa una commozione cerebrale, si verificano punti ciechi, problemi di equilibrio, sbalzi d'umore e difficoltà a seguire una conversazione (Mayo Clinic, 2021). Se consideriamo l'impatto che le funzioni di base del cervello hanno sulla produttività quotidiana, sul ricordo e sul linguaggio, qualsiasi impatto negativo causato da un trauma cranico può danneggiare la funzionalità del cervello.

Memoria di lavoro e memoria episodica

La capacità di una persona di dedicare la propria attenzione a un compito e di ricordare come eseguirlo è fondamentale per il modo in cui portiamo a termine il lavoro, ci prendiamo cura di noi stessi e interagiamo con gli altri ogni giorno. La memoria di lavoro è un tipo di memoria che conserva le informazioni a breve termine, in modo da poter completare efficacemente un compito. Lavorare per mantenere il potenziale della nostra memoria o addirittura per migliorarla è diventata un'industria nella nostra società, che dà grande valore ai modi strategici di auto-miglioramento e di essere produttivi. Imparare come la mindfulness possa giovare al cervello e alla memoria può consentire a qualsiasi persona di migliorare il modo in cui utilizza le proprie forze mentali durante la giornata.

> La memoria episodica è una forma di memoria a lungo termine, che ci dà la capacità di ricordare eventi specifici del passato. Guida il nostro comportamento e ci fornisce la capacità di

prendere decisioni attuali e future. La memoria episodica è soggetta sia a insulti neurologici che all'età.

declino (Brown et al., 2016). Intervenire con pratiche protettive come gli esercizi di formazione alla mindfulness può migliorare la capacità di una persona di preservare la memoria episodica e di ricordare gli eventi.

La formazione Mindfulness si presenta in due forme principali, "attenzione focalizzata" e "monitoraggio aperto" (Brown et al., 2016). La formazione all'attenzione focalizzata, o formazione FA, prevede esercizi pratici che dirigono l'attenzione della persona e la aiutano a percepire l'ambiente circostante. Questo tipo di training di mindfulness si è dimostrato efficace nell'aiutare le persone a svolgere compiti che richiedono concentrazione e attenzione prolungata. Praticando l'allenamento alla consapevolezza, la memoria di lavoro diventa più forte e meno probabile che si rompa (Brown et al., 2016).

Annotazioni mentali

Poiché i ricordi del passato possono attivare le nostre funzioni sensoriali, non c'è da stupirsi che le pratiche mindful siano direttamente collegate alla capacità di migliorare la memoria. Pratiche come lo yoga, la meditazione e la scansione del corpo possono aiutarci a ricordare determinati eventi, ma possono anche darci la possibilità di esaminare questi eventi, con un'attenzione calma e obiettiva.

Una tecnica popolare da usare durante la meditazione è il processo di "annotazione mentale", in cui una persona riconosce i pensieri che sta avendo durante la meditazione, ma lascia che queste idee passino attraverso la mente come se fossero semplicemente osservate dal partecipante (Kabat-Zinn, 1994). Alcuni individui immaginano i loro pensieri che fluttuano nelle nuvole o che passano su appunti scritti mentre si verifica l'annotazione mentale.

Per provare questa annotazione mentale, trovi una sedia comoda dove non sarà interrotto per i prossimi cinque minuti. Chiuda gli occhi e inizi a inspirare ed espirare lentamente attraverso il naso. All'inizio, si concentri a calmare il corpo e la mente, in modo che il cervello abbia la possibilità di adattarsi a questa pratica. Dopo uno o due minuti, probabilmente si accorgerà di avere dei pensieri su cosa fare dopo, come è stata la sua giornata fino ad ora, cosa vuole mangiare per cena e così via.

Questa intensa attività cerebrale capita a tutti, soprattutto a chi è alle prime armi con la meditazione, quindi non si lasci frustrare da questa situazione. Invece,
metta semplicemente l'immagine o la formulazione del suo pensiero su una nuvola e la immagini mentre fluttua davanti a lei.

Lo scopo è di permettere ai pensieri della sua mente indaffarata di essere visti, ma non di avere potere. Con gli occhi chiusi, può visualizzare che esistono, ma può anche imparare a mandarli via.

Questa esperienza richiede un po' di pratica per sentirsi a proprio agio, dal momento che, per molti di noi, vogliamo fissarci o portare a termine un compito quando lo pensiamo per la prima volta. Non si preoccupi: l'annotazione mentale diventa più facile con il tempo.

Mentre pratica questa tecnica, consideri anche l'obiettivo finale. Il processo di pratica dell'annotazione mentale le consentirà di sedersi e rilassarsi, di osservare i suoi pensieri e di sentire una calma su ogni pensiero, poiché non dovrà stressarsi per realizzarlo in quel preciso momento. Imparerà semplicemente ad osservarlo, a lasciarlo e ad affrontarlo al momento giusto.

Allenamento del cervello per la memoria

Quand'è stata l'ultima volta che è entrato in una stanza e non si è ricordato cosa era andato a fare? Il nostro cervello è come un muscolo e quando lo facciamo lavorare, acquista forza. Se inizia a pensare al suo cervello in questo modo, può aiutarla a fare scelte più positive sulle attività a cui permette al suo cervello di partecipare e su quelle da cui dovrebbe stare lontano.

Anche se la vita ci presenta lo stress e c'è poco da evitare, abbiamo un certo controllo su ciò che permettiamo al nostro corpo e alla nostra mente di incontrare ogni giorno. Per esempio, dormire male notte dopo notte può avere un impatto sul suo umore e sulla sua capacità di ricordare. Sebbene la maggior parte delle persone non abbia l'intenzione di dormire male, potrebbe anche non farsi un favore guardando la televisione mentre si addormenta o bevendo caffeina troppo vicino all'ora di andare a letto.

Proprio come una persona potrebbe investire in un abbonamento in palestra per sentirsi più sana e rafforzare la propria forza, praticare esercizi di allenamento cerebrale può migliorare la memoria nel tempo e aiutare il cervello a limitare la sovrastimolazione. Come la costruzione di massa muscolare con la ripetizione, concentrarsi su esercizi ripetuti per il cervello può creare l'abitudine di rafforzare la memoria.

Le tecniche mindful possono aiutare l'allenamento del cervello, consentendo a una persona di concentrarsi più intensamente sull'ambiente circostante e di prestare maggiore attenzione a un compito. Uno studio sulla mindfulness ha rilevato che allenare il cervello a meditare o a partecipare ad attività mindful, come lo yoga, ha avuto un impatto positivo sulla memoria episodica e ha dato alle persone una maggiore motivazione a completare le attività oltre la meditazione e lo yoga (Brown et al., 2016). Pensi all'allenamento cerebrale come al credito extra che migliora la sua vita. Incorporare le tecniche di brain training può aiutare a mantenere una mente più lucida e a prolungare le capacità del suo cervello.

Idee Mindful per la memoria

Per avere successo con l'allenamento cerebrale, inizi a programmare del tempo per sé, in modo da creare lo spazio mentale e fisico di cui ha bisogno. È possibile completare le attività di brain training sia al lavoro che a casa, ma dovrà iniziare in piccolo per costruire la resistenza. Si concentri sul completamento di piccole pratiche all'inizio, finché la sua mente non acquisirà l'abitudine di incorporare l'allenamento cerebrale nella sua giornata.

Come per qualsiasi attività, se si impegna troppo, è probabile che si arrenda rapidamente, quindi si prenda dei brevi momenti per provare un'attività dall'elenco qui sotto per iniziare. Potrebbe provare semplicemente a riservare dieci minuti prima di andare a letto per scrivere un diario sulla sua giornata o per calmare il suo cervello con una meditazione guidata. Alla fine, potrà passare ad attività che richiedono più energia cerebrale ma, per il momento, inizi con qualcosa che sarà facile da completare e che darà alla sua mente un rapido senso di realizzazione.

Le idee che seguono possono aiutarla a iniziare il suo percorso verso una maggiore creatività con il suo tempo e le sue realizzazioni. Queste idee sono modi generali per prendersi cura del suo cervello. Possono fornirle un punto di partenza per adattare la sua mentalità al valore della salute del cervello.

- Inizi la giornata elencando le tre cose principali che deve realizzare.

- Faccia una 'pausa schermo' ogni ora (cammini per alcuni minuti prima di tornare allo schermo). Provi a fare stretching e presti attenzione al suo corpo prima di tornare a sedersi.

- Scriva la storia di un ricordo della sua infanzia. Mentre scrive, pensi a tutti i sensi: cosa vede, sente, annusa e assaggia? Discuta di uno dei suoi ricordi d'infanzia con i suoi genitori o con un altro membro della famiglia, per vedere cosa ricordano e confrontare le vostre storie.

- Visiti una biblioteca. Prenda in prestito un nuovo libro che le sembra interessante e cerchi di leggere per almeno 30 minuti al giorno, fino a quando non avrà finito il libro.

- Dorma da sette a nove ore in modo costante ogni notte (il nostro cervello prospera quando dormiamo la giusta quantità di sonno per il nostro corpo).

- Inizi a scrivere i suoi sogni ogni mattina. Nota dei temi o dei messaggi che continuano ad emergere? In che modo potrebbero riguardare la sua vita quotidiana?

- Esplori la sua curiosità e impari qualcosa di nuovo su un argomento che le interessa da tempo. Visiti un museo o un laboratorio, partecipi ad una conferenza o legga un libro sull'argomento.

- Visualizzi la sua giornata o un evento importante prima che accada. Percorra il suo cervello attraverso ogni dettaglio prima che si verifichi.

- Organizzi una serata di giochi con gli amici e/o la famiglia. Pianifichi delle attività divertenti da fare insieme, come un gioco da tavolo, i mimi o magari un quiz.

- Legga la biografia di una persona che ammira o che conosce poco.

- Scriva un articolo di diario che rifletta su tutti gli eventi che ricorda della sua giornata.

- Provi un nuovo hobby fisico che richiede l'apprendimento di una sequenza, come ad esempio un corso di danza. Sostenga la sua memoria frequentando ogni settimana e sviluppando i passi che impara.

- Mescolate le cose nella vostra routine per aumentare la memoria dei luoghi che frequentate regolarmente. Potrebbe fare un nuovo percorso per andare al lavoro, camminare invece di guidare o prendere i mezzi pubblici, visitare un nuovo caffè nel fine settimana: tutti questi elementi aiutano a coinvolgere diverse parti del suo cervello e della sua memoria.

- Sfidi se stesso con il linguaggio in modi nuovi. Potrebbe imparare una nuova lingua, apprendere il linguaggio dei segni di base attraverso un corso o informarsi su nuove parole e vocaboli da utilizzare nella vita quotidiana.

- Scriva un articolo di diario su una conversazione che ha avuto durante la giornata. Quali dettagli riesce a ricordare?

- Insegni a qualcuno un'abilità o qualcosa che conosce. Insegnare agli altri è un ottimo modo per consolidare la nostra conoscenza e la nostra memoria delle cose che ci interessano e che ci stanno a cuore.

- Trascorra del tempo con le persone che ama per creare ricordi significativi!

NB: Le idee di autocura di cui sopra aiutano a sistemare il cervello e il corpo per le pratiche regolari di meditazione mindfulness. Vedere l'Appendice per le audioguide gratuite sulle meditazioni di consapevolezza. Utilizzi queste audioguide insieme alle pratiche di autocura di cui sopra, mentre intraprende il suo "Anno della Mindfulness".

Punti chiave

A questo punto, probabilmente avrà pensato a come le idee mindful contenute in questi capitoli possano essere aggiunte alla sua vita. Alcune sono attività più facili di altri, quindi scelga quelli che ritiene possano aggiungere valore alla sua pratica di consapevolezza.

- Le capacità cognitive e la consapevolezza sono influenzate quando il cervello subisce delle lesioni, che incidono sulla consapevolezza, sulla memoria e sulla comunicazione.

- Allenare il cervello con esercizi di mindfulness può migliorare le funzioni di memoria e di richiamo del cervello.

- La comunicazione all'interno del cervello diventa più difficile con l'incoscienza.

- Attività come l'annotazione mentale possono portare all'osservazione dei pensieri senza giudizio.

- L'autoconsapevolezza e la memoria migliorano con le tecniche mindful che permettono alle persone di concentrarsi sulla loro situazione attuale.

Oltre a favorire la memoria, le attività mindful sono benefiche per il funzionamento cognitivo del cervello. Nel prossimo capitolo, esamineremo più da vicino i modi in cui l'intelligenza emotiva può migliorare attraverso scelte e pratiche di vita consapevoli.

Capitolo 4:

Aumentare il funzionamento cognitivo attraverso le tecniche mindful

L'ha già sentita, ma l'idea di "non smettere mai di imparare" è davvero importante quando si tratta di migliorare le funzioni del cervello. Sebbene abbia già appreso l'importanza che l'allenamento cerebrale può avere sulla memoria, è ora il momento di dare un'occhiata più da vicino a come le tecniche mindful nutrono le altre funzioni significative del cervello. Non solo costruisce la forza cerebrale attraverso le attività cognitive, ma offre anche un modo per calmare le emozioni e centrare i pensieri sul presente.

Immagini di svegliarsi al mattino e di avere in mente le varie liste di cose da fare. Si dedica rapidamente alla sua tipica routine mattutina, lavandosi i denti, facendo la doccia, vestendosi e facendo colazione, mentre i minacciosi promemoria di ciò che deve portare a termine aleggiano su di lei, rendendo ogni compito meno piacevole.

Ora, si immagini di potersi svegliare e completare le stesse faccende mattutine, ma di sentirsi calma e composta mentre si concentra su ogni compito e rimane nel momento in cui lo porta a termine.

Se questo le sembra impossibile o poco pratico, consideri per un momento il motivo per cui il suo cervello si blocca nel tentativo di essere multi-task ogni giorno. Per molti di noi, i nostri pensieri tendono a correre quando il nostro corpo è sul pilota automatico, svolgendo le attività ripetitive a cui lo abbiamo addestrato nel corso degli anni. In un certo senso, la nostra mente si è "annoiata" dei compiti fisici che abbiamo svolto in continuazione e sta cercando un modo per utilizzare il nostro tempo in modo più efficiente. Nonostante quello che diciamo a noi stessi, il multitasking tende ad avere un esito negativo per molti di noi.

Se questo le sembra vero, la pratica della mindfulness può aiutarla a crescere e ad adattarsi al cambiamento. Aggiungendo pratiche mindful alla sua giornata e allenando il suo cervello ad avere un tempo designato per concentrarsi sul momento presente, può costruire un'abitudine che supporta la sua capacità di concentrarsi durante la giornata. Per esempio, la meditazione è un modo per centrare la mente e osservare i pensieri che entrano ed escono dal nostro cervello, ma la maggior parte di noi non cercherebbe di andare in bicicletta, guardare un film e preparare un panino mentre cerca di meditare, giusto?

Per entrare in una pratica di meditazione, dobbiamo mettere da parte le altre attività della giornata e provare l'immobilità per un periodo di tempo stabilito. Questo è spesso l'aspetto che dissuade alcune persone dal praticare la meditazione. Siamo così impegnati a completare le attività della giornata che potremmo pensare che sia una perdita di tempo fermarsi per una pausa di meditazione. Questa è spesso la mentalità che impedisce alle persone di sfruttare i benefici di questa pratica.

Invece di considerare una pratica mindful come un'interruzione, consideratela come un modo per incorporare la mindfulness in qualsiasi attività quotidiana. Mentre ci laviamo i denti, consumiamo un pasto o laviamo i piatti, possiamo rimanere attenti e consapevoli dei nostri pensieri e provare gratitudine per il fatto di poter partecipare a queste attività.

Rafforzare il cervello

Per ottenere i benefici di una pratica mindful, dobbiamo innanzitutto capire in cosa esattamente ci stiamo imbarcando. La mindfulness è una pratica radicata in molte visioni del mondo e religioni, dall'induismo al buddismo al cristianesimo.

Come pratica, è diventata più conosciuta nel mondo occidentale quando l'autore, professore e creatore della "Stress Reduction Clinic", Jon Kabat-Zinn, ha iniziato a insegnare agli altri il valore della mindfulness in combinazione con la riduzione dello stress (Kabat-Zinn, 2013). Fu un approccio rivoluzionario, quando introdusse per la prima volta questa filosofia come trattamento per il dolore cronico. A titolo personale, la visione di un documentario sul lavoro di Jon Kabat-Zinn mi ha ispirato a portare la ricerca sulla mindfulness nel contesto neurologico.

Questa filosofia enfatizza la mindfulness come approccio non giudicante ai nostri pensieri, in modo da allenare la mente a riconoscere le esperienze interne ed esterne. In questo modo, abbiamo la possibilità di realizzare le nostre idee senza le emozioni o la pressione che tendiamo a esercitare su di esse.

Pensi al suo cervello come a una fonte di energia. Quando lo stimoliamo con informazioni nuove e varie, prende vita e acquista vitalità. Allo stesso modo, quando lo alleniamo attraverso la ripetizione di attività consapevoli che ci fanno sentire a nostro agio, impara a fare affidamento su questa fonte di nutrimento.

Yoga olistico

Poiché l'incorporazione di una pratica yoga olistica lavorerà per rinvigorire la mente, il corpo e lo spirito, questa attività può essere il modo perfetto per iniziare il suo viaggio nella mindfulness. Negli studi sul benessere e la resilienza di varie popolazioni, i ricercatori hanno scoperto che "anche una sola lezione di yoga ha avuto un effetto statisticamente significativo sul miglioramento dell'umore di 113 pazienti psichiatrici ricoverati. I pazienti erano significativamente meno tesi/ansiosi, meno depressi/deficienti, meno arrabbiati/ostili, meno confusi/disorientati e meno affaticati dopo aver partecipato a una lezione di yoga" (Hartfiel et al., 2011).

Lo yoga olistico ha lo scopo di prendersi cura dell'uomo nella sua interezza e questa pratica incoraggia la persona a partecipare al movimento che sente giusto per il suo corpo e la sua mente. Lo scopo è quello di acquisire consapevolezza di sé e di rallentare i nostri pensieri, in modo da poter esistere in uno stato di consapevolezza presente. Pertanto, si incoraggia la pratica di accettare ciò che il corpo è in grado di fare e di adattare i movimenti a tale capacità. Lo yoga olistico si concentra anche sulla consapevolezza del respiro, che favorisce una coscienza calma, e sottolinea l'armonia del corpo nel suo complesso attraverso scelte di vita sane.

Meditazione consapevole

Coinvolgendo in modo più completo i sensi e l'attenzione della mente, l'individuo può ottenere un'apertura mentale e una consapevolezza che si traducono in numerosi vantaggi.

attività della vita. La pratica della meditazione che si concentra sull'osservazione consapevole di pensieri e sentimenti può influenzare notevolmente il modo in cui possiamo alleviare lo stress e rafforzare le nostre capacità mentali. "Gli studi che hanno utilizzato i dati auto-riportati di individui sani hanno dimostrato che la meditazione mindfulness ha diminuito gli stati d'animo negativi, ha migliorato gli stati d'animo positivi e ha ridotto i pensieri e i comportamenti distraenti e ruminativi" (Hölzel, Lazar, et al., 2011).

Esiste una varietà di tecniche di meditazione consapevole. All'inizio del suo percorso di mindfulness, può essere utile scegliere una pratica che sia confortante e coinvolgente. In questo modo, è più probabile che si attenga a una pratica a lungo termine per ricevere ancora più benefici dall'incorporazione della mindfulness. Sebbene la meditazione consapevole richieda un certo sforzo, il suo vantaggio è che è un modo libero e diretto per provare un senso di sollievo nel notare i suoi pensieri senza lasciare che la sua mente rimanga assorbita da essi.

Se desidera esercitarsi a meditare in modo consapevole, questo è il momento migliore per provarci. Consulti l'appendice per accedere alle audioguide gratuite che la aiuteranno in questo. Per avere un piccolo assaggio dei contenuti bonus disponibili, proviamo ora una pratica veloce.

Si sieda in un luogo tranquillo dove non sarà interrotto per i prossimi minuti. Se necessario, imposti un timer, ma cerchi di non guardare i secondi che passano mentre medita. Il timer serve semplicemente a riportarla al momento presente quando ha finito di meditare. Ora, chiuda gli occhi e respiri. Noti come si sente sia nella mente che nel corpo. Si concentri sul suo respiro. Dopo alcuni minuti, potrebbe notare che la sua mente ha vagato verso altri pensieri. Questo è del tutto normale e previsto. Quando ciò accade, riporti delicatamente i suoi pensieri al respiro. Quando le idee si affacciano alla mente, può metterle in una scatola immaginaria o su una nuvola e visualizzarle mentre passano accanto. Si limiti ad osservare, senza farsi prendere dai pensieri o sentirsi stressato da essi, e li guardi mentre si allontanano.

Dopo aver meditato per un periodo di tempo qualsiasi, è importante guidarsi delicatamente verso l'attività successiva. Si conceda qualche minuto per assorbire gli effetti della pratica appena conclusa, e poi passi con attenzione al compito successivo.

Ulteriori tecniche di meditazione

Altre pratiche meditative sono un sottoinsieme della meditazione consapevole e sottolineano la consapevolezza mente-corpo, la compassione e l'attenzione focalizzata. Queste pratiche sono state terapeutiche nell'aiutare i pazienti e i partecipanti ad alleviare il dolore e i pensieri ansiosi.

Consapevolezza mente-corpo

Avere una consapevolezza del modo in cui il proprio corpo si sente e reagisce all'ambiente circostante porta una consapevolezza che può aiutare una persona a rallentare e a prendere nota del modo in cui il cervello e il corpo lavorano all'unisono.

In uno studio sugli effetti delle pratiche di meditazione mente-corpo, 32 sopravvissute al cancro al seno si sono concentrate sul rilassamento di parti del corpo durante la meditazione, per riconoscere quali aree si sentivano tese o a disagio (Valluri et al., 2024). Così facendo, le partecipanti sono state in grado di capire che la loro tensione era collegata ai ricordi del trauma vissuto a causa della malattia. Sono stati in grado di usare questa conoscenza per portare pensieri più positivi alle aree del corpo che necessitavano di attenzione e di rilassamento.

Compassione

Poiché le pratiche meditative sono legate al Buddismo, le idee di amore per se stessi e di gentilezza hanno sempre fatto parte della pratica. Il concetto di avere abbastanza compassione per se stessi da osservare un pensiero senza giudizio permette all'individuo di creare una connessione positiva tra mente e corpo. Possiamo avere una consapevolezza dei nostri punti di forza e di debolezza e usarla per capire meglio le scelte che facciamo e i risultati che hanno.

In uno studio sulle pratiche di amorevolezza, i veterani che avevano affrontato esperienze traumatiche e avevano una storia di rabbia si sono impegnati in una meditazione incentrata sulla compassione (Valluri et al., 2024). Si sono concentrati sulle pratiche di respirazione profonda e sull'autocompassione e hanno scoperto che i pensieri stressanti si sono attenuati con questa tecnica.

Attenzione focalizzata

Ci sono alcuni modi per praticare l'attenzione focalizzata.

Se si è mai fatto un discorso di incoraggiamento prima di un evento stressante o ha ripetuto a se stesso un'affermazione positiva, ha praticato qualcosa di simile alla meditazione di attenzione focalizzata. Concentrandosi su un aspetto positivo di una situazione, l'idea è che una persona possa diminuire i suoi pensieri ansiosi o il dolore fisico.

Con la Meditazione Trascendentale (TM), i partecipanti hanno ridotto efficacemente la tensione concentrandosi su una parola o una frase, come la ripetizione di un mantra (Valluri et al., 2024). In questo modo, possono concentrarsi in modo positivo e ridurre i pensieri stressanti.

La terapia cognitiva basata sulla mindfulness (MBCT) offre anche un approccio pratico alla gestione della nostra attenzione. Combinando elementi della meditazione mindfulness con i principi della terapia cognitiva, la MBCT aiuta le persone a coltivare la consapevolezza del momento presente. Attraverso esercizi delicati, la MBCT ci incoraggia a osservare i nostri pensieri e sentimenti senza giudicare, permettendoci di sganciarci dalle reazioni automatiche e di scegliere dove dirigere la nostra attenzione.

Le pratiche di attenzione focalizzata possono consistere anche solo nel sedersi in silenzio, ad esempio per 10 minuti, e seguire il nostro respiro.

Nel tempo, queste pratiche rafforzano la nostra capacità di concentrazione, migliorando la nostra concentrazione e la nostra chiarezza nella vita quotidiana. Che sia al lavoro, nelle relazioni o nei momenti di solitudine, la mindfulness ci fornisce strumenti preziosi per affrontare le sfide della vita moderna con maggiore facilità e presenza.

Intelligenza emotiva

Conosce qualcuno che sembra avere un alto quoziente intellettivo ma ha difficoltà a mantenere il proprio stato emotivo regolato, o ha dei problemi di adattamento? Siamo arrivati ad un argomento che, per molti, è difficile da riconoscere e ancora più difficile ottenere il desiderio di cambiare, poiché le qualità dell'intelligenza emotiva tendono ad essere più vaghe rispetto ad altre forme di intelligenza più misurabili.

L'intelligenza emotiva utilizza una consapevolezza interna che ci permette di prendere il controllo delle emozioni e di guidare positivamente i pensieri, in modo da sentirci soddisfatti e meno stressati (Jiménez-Picón et al., 2021). Questo tipo di intelligenza ci fornisce la capacità di comunicare in modo produttivo e proattivo. Inoltre, ci permette di affrontare in modo efficace e pratico qualsiasi fattore di stress o conflitto.

Pensiamo all'intelligenza emotiva come a una voce interiore utile e sicura che ci porta a una maggiore consapevolezza di noi stessi e delle nostre relazioni con gli altri. I suoi quattro attributi - gestione di sé, consapevolezza di sé, consapevolezza sociale e gestione delle relazioni - giocano un ruolo fondamentale nella nostra capacità di sentirci empatici, lucidi e adattabili (Segal et al., 2023). Utilizzando la meditazione consapevole, le persone possono portare consapevolezza e attenzione agli aspetti che migliorano i tratti dell'intelligenza emotiva. Incorporare una pratica di meditazione consapevole può aiutare coloro che lottano per connettersi con le qualità dell'intelligenza emotiva, dando loro uno sbocco per ridurre lo stress e guadagnare auto-positività.

Idee Mindful per l'allerta e l'intelligenza emotiva

La pratica della mindfulness si basa sull'idea che un individuo possa coltivare la consapevolezza di sé per aiutarsi nelle relazioni con gli altri. È importante pensare a come comunicare efficacemente con gli altri e capire che è possibile migliorare se stessi.

Le seguenti idee mindful possono fornire un senso di concentrazione, ricordando alle persone che possono imparare a gestire i loro sentimenti e le loro emozioni ogni giorno. Alcuni di questi suggerimenti sono pensieri su cui riflettere o scrivere, mentre altri sono tecniche da mettere in pratica.

Si ricordi di fare sue queste attività adattandole al suo stile di vita.

- Rifletta su come le sue emozioni o sentimenti influenzano la sua giornata. Ne nota qualcuna troppo forte, insufficiente o giusta?

- Pensi a un conflitto recente che ha avuto con un'altra persona. Senza arrabbiarsi o commuoversi, come eviterebbe o risolverebbe questo conflitto se potesse riviverlo?

- Attinga al suo io empatico. Si faccia guidare da uno scenario dal punto di vista di un'altra persona.

- Eserciti le capacità di ascolto attivo. Quando parla con un'altra persona, si impegni pienamente nella conversazione, parafrasando ciò che dice e utilizzando i segnali non verbali.

- Festeggi un risultato positivo (anche piccolo!) alla fine di ogni giornata.

- Quando si sente stressato, pratichi la respirazione profonda. Inspiri lentamente attraverso il naso per 30 secondi e poi rilasci delicatamente il respiro attraverso la bocca. Provi a fare tre respiri profondi prima di prendere decisioni rapide.

- Consideri le persone o le idee che potrebbero scatenarla durante la giornata e rifletta sui modi proattivi per affrontarle. Ciò potrebbe significare ripensare ad alcuni confini o avere conversazioni oneste sul fatto che certe persone stiano aggiungendo valore alla sua vita. Si ricordi di respirare profondamente mentre riflette su questo.

- Si fidi di se stesso e della sua intuizione. Sappia che le sue idee sono importanti e hanno valore.

- Inizi a fidarsi degli altri e a vedere il meglio in loro (questo li aiuterà a fidarsi di più di lei in cambio). Un piccolo modo per farlo è chiedere aiuto quando ne ha bisogno e confidare che la persona a cui lo chiede possa sostenerla in modo proattivo.

- Si renda conto che le sue reazioni alle conversazioni e alle situazioni sono una scelta (è lei che le controlla).

- Crei degli obiettivi personali e raggiungibili per lei.

- Se ha i mezzi e le capacità, pianifichi un viaggio per sperimentare un nuovo luogo o una nuova cultura. Si ricordi che non è necessario andare lontano per raggiungere questo obiettivo. Potrebbe anche provare a visitare una parte nuova o familiare della sua città e fingere di essere un turista: cosa potrebbe vedere o scoprire con questa prospettiva?

- Pensi alle attività sociali, agli hobby o agli sport che amava e per i quali non ha trovato tempo negli ultimi tempi. Raggiunga e ricominci.

- Faccia domande. In questo modo non solo dimostrerà agli altri che è interessato alle loro idee e ai loro consigli, ma imparerà anche le risposte e farà delle scoperte su di loro.

- Si rassegni all'ignoto e cerchi di non farsi sopraffare dalle cose a cui non può dare risposte definitive.

- Rifletta su quanto di ciò che dice o pensa sia in realtà un reclamo. Faccia un diario per tenerne traccia. Come potrebbe riformulare questi pensieri in modo positivo? Può cambiare la lamentela? Se no, come potrebbe lasciar perdere definitivamente?

- Rimanga presente (la meditazione la aiuta in questo senso). Eviti di ruminare troppo sulle esperienze passate, se queste non le sono più utili.

- Provi a fare qualcosa di bello per qualcuno (portare un pasto a casa sua, donare vestiti a un ente di beneficenza, spazzare il vialetto di casa di qualcuno, ecc).

- Ascolti le conversazioni che avvengono intorno a lei (senza origliare). Presti attenzione a come gli altri interagiscono e si ascoltano a vicenda.

- Si motivi (ascolti musica che la stimoli, si faccia fare un discorso di incoraggiamento da una persona positiva, sia una persona con cui vorrebbe essere amico, ecc).

- Si eserciti a ignorare il telefono (lo metta in un cassetto mentre lavora o fa esercizio fisico, se necessario).

- Si sieda e beva una tisana mentre libera la mente e si ricarica di energia per la giornata. Provi la mia meditazione audio gratuita "Una tazza di tè consapevole" (vedi appendice).

- Si attenga a un programma. Quando è il momento di lasciare il lavoro, deve avere qualcosa di cui rallegrarsi dopo.

- Si ritenga responsabile. Si informi sulle sue emozioni nel corso della giornata e si accorga di ciò che prova.

- Iniziare (o completare!) un progetto artigianale.

- Si lasci coinvolgere dalle esperienze con una mente aperta, come se potesse imparare e crescere dal processo.

NB: *Le idee di autocura di cui sopra aiutano a sistemare il cervello e il corpo per le pratiche regolari di meditazione mindfulness. Vedere l'Appendice per le audioguide gratuite sulle meditazioni di consapevolezza. Utilizzi queste audioguide insieme alle pratiche di autocura di cui sopra, mentre intraprende il suo "Anno della Mindfulness".*

Punti chiave

Ogni volta che riesce a prendere coscienza dei suoi sentimenti, del suo corpo o della sua mente, sarà un passo più vicino ad avere un rapporto più forte con se stesso e ad apprezzare la sua energia e la sua positività. Ciò andrà naturalmente a beneficio di coloro che la circondano, in quanto la sua gratitudine si trasferirà anche a loro.

- Incorporare le pratiche mindful in una routine quotidiana e iniziare ad allenare la mente a concentrarsi sul momento presente. Questo può aiutare a sviluppare un'abitudine che migliora la concentrazione generale.

- Le pratiche mindful dovrebbero aiutare a rimuovere il giudizio dai pensieri, in modo che la mente possa riconoscere le esperienze interne ed esterne.

Attività come lo yoga olistico e la meditazione consapevole danno la possibilità di sperimentare questa idea.

- La consapevolezza mente-corpo, la compassione e l'attenzione focalizzata aiutano ad alleviare il dolore e i pensieri stressanti.

- Una persona può migliorare i tratti dell'intelligenza emotiva attraverso la meditazione consapevole e portare consapevolezza alle proprie emozioni.

Per capire come possiamo iniziare a incorporare le tecniche che ci aiuteranno a rimanere più consapevoli prima, durante e dopo le attività come lo yoga e la meditazione, è importante avere chiaro il motivo per cui stiamo aggiungendo questo alla nostra vita. La mindfulness ci permette di ottenere un maggiore controllo del nostro mondo emotivo e fisico, offrendoci una nuova prospettiva.

Per ribadire i benefici di questa pratica, daremo poi uno sguardo all'impatto che le circostanze stressanti possono avere sul nostro benessere, in modo da comprendere meglio l'importanza di dedicare il nostro tempo alle attività mindful.

Capitolo 5:

Capire lo stress: un approccio consapevole

Si sveglia in un lunedì mattina piovoso, ancora intontito per essere rimasto sveglio fino a tardi la sera prima, perché voleva finire il film che stava guardando. Di cosa si trattava? Ora ha difficoltà a ricordare. Si rigira nel letto e sbatte gli occhi un paio di volte per dare un'occhiata tesa all'orologio. Vede i numeri 7:00, mentre gli occhi iniziano a sentirsi pesanti e si chiudono di nuovo. Aspetti! Le 7 del mattino!

Salta giù dal letto in preda al panico e si guarda intorno alla stanza. Vede la valigia pronta e i vestiti stesi, ma anche se esce adesso, non farà mai in tempo a prendere il volo delle 8 del mattino per la conferenza di lavoro. Si aggira velocemente per la stanza, chiedendosi perché è rimasta sveglia così tardi, perché ha dimenticato di impostare la sveglia per un orario precedente e, in generale, perché sembra che non riesca a fare nulla di buono.

Mentre si infila i vestiti, prende le valigie e completa la sessione di lavaggio dei denti più veloce del mondo, le spalle e il collo si irrigidiscono. Una volta uscito dalla porta e salito in macchina, sente un barlume di speranza di riuscire a raggiungere il cancello e gridare al personale di tenere le porte aperte solo per un altro minuto. Guarda l'orologio in macchina. 7:20. Come riuscirà a superare i controlli di sicurezza e a correre abbastanza velocemente per arrivare in tempo? Poi nota che le auto davanti a lei stanno rallentando. Ah! Traffico! No, non può succedere!

Dopo aver aspettato dietro una fila di auto per un tempo che sembra infinito, la sua mente inizia a correre con i "e se". *E se avessi dimenticato di chiudere la porta d'ingresso? E se non potessi mangiare nulla fino all'hotel e stessi morendo di fame sull'aereo? E se la mia presentazione alla conferenza andasse male?* Oh, *no! La mia presentazione!* Guarda il sedile posteriore della sua auto, dove la sua valigia è comodamente appoggiata, ma non il suo computer portatile.

Non può crederci, ma ieri sera ha lasciato il suo computer portatile sul tavolo della cucina prima di iniziare a guardare il film e ha dimenticato di metterlo in valigia. Beh, è sicuramente licenziato! Deve decidere se tornare indietro adesso o proseguire verso l'aeroporto e sperare che un collega abbia una copia della sua presentazione e un computer portatile da utilizzare. Cosa fare?

L'impatto dello stress

Lo stress non lascia il nostro corpo e la nostra mente nel momento in cui risolviamo una situazione. Al contrario, lo portiamo con noi per tutti i giorni, i mesi e talvolta anche gli anni. Quando ci troviamo di fronte a una situazione spiacevole, preoccupante, che incute paura o addirittura un incubo, sembra quasi impossibile vedere la luce dall'altra parte. Inoltre, lo stress lascia un segno su di noi in modi di cui potremmo non renderci conto.

Agitazione, ansia e preoccupazione non sono concetti nuovi e unici. Tutti noi li sperimentiamo quasi ogni giorno, e anche i praticanti di lunga data di meditazione e yoga incontrano questi sentimenti. La differenza deriva dalla nostra capacità di gestire questi fattori di stress. Nel tempo, i nostri sentimenti intensi creano una barriera alle nostre capacità e ai nostri risultati. Quando sperimentiamo delle difficoltà, il nostro istinto di lotta o di fuga reagisce e vogliamo o lavorare in uno stato di difesa agitata o ritirarci e reprimere i nostri sentimenti negativi. Entrambe le soluzioni portano a maggiore stress, poiché nessuna delle due riconosce correttamente come riconoscere i nostri sentimenti e calmare il nostro stato emotivo.

Quando ci portiamo dietro tensioni o sentimenti irrisolti, il nostro corpo e la nostra mente sono destinati a riversare queste emozioni, prima o poi. Tensione muscolare, problemi di sonno, problemi gastrointestinali, mal di testa, tristezza o una generale mancanza di motivazione nella vita sono solo alcuni dei risultati problematici dello stress cronico (American Psychological Association, 2018). Con il tempo, questi effetti si ripercuotono sul nostro comportamento e sulle relazioni con gli altri. Per esempio, un individuo che si affida al fumo di sigarette e al bere alcolici per cercare di rilassarsi significa rispondere a una sensazione negativa aggiungendo comportamenti dannosi al proprio stile di vita.

Capire che i suoi comportamenti possono essere una risposta alle sue emozioni è un passo utile nella giusta direzione per modificare le sue abitudini. I suggerimenti alla fine di questo capitolo offriranno alcune idee per alleviare lo stress, ma per arrivare all'origine di un problema, potrebbe essere necessario dedicare più tempo a riflettere sui suoi sentimenti personali, in modo che questi possano smettere di innescare comportamenti negativi.

Esperienze di vita

Dal momento che ora conosciamo il ruolo che lo stress gioca nelle nostre esperienze quotidiane, possiamo anche relazionarci con l'effetto a palla di neve che questi fattori di stress hanno. In un interessante studio del 2013, i partecipanti sono stati posti nella situazione leggermente stressante di avere le mani immerse in acqua ghiacciata, e poi sono state mostrate immagini di serpenti o ragni (Raio et al., 2013). Lo stress sulle funzioni cognitive dei partecipanti è stato intensificato con l'esposizione a un ulteriore fattore di stress, rendendo difficile rilassarsi dal primo. Tenendo presente questa idea, è facile capire come lo stress si accumuli nella nostra mente, distogliendo la nostra attenzione da altre attività, conversazioni o progetti, accumulandosi nella nostra psiche nel tempo.

Le esperienze negative legate ai traumi del passato si ripercuotono nel nostro presente, se non disponiamo di tecniche per imparare da esse. È importante rivolgersi a un professionista se ha vissuto una circostanza traumatica che le impedisce di avere successo. Se ritiene che lo stress abbia un impatto sulla sua capacità di lavorare, fare esercizio fisico o rilassarsi, parlare con un medico è un primo passo importante per ricevere aiuto e trattamento.

Idee Mindful per la gestione dello stress

Che si tratti di stress emotivo o fisico, è fondamentale conoscere i metodi che può impiegare per calmare la mente e il corpo, in modo da non

La impediscono costantemente di vivere. Le tecniche per affrontare lo stress e l'ansia sono diverse, ma cogliere le opportunità di autocura durante la giornata le permetterà di iniziare a formare un'abitudine vantaggiosa, mentre continua a comprendere meglio la connessione tra il cervello e il corpo. Scelga tra le seguenti idee quando ha bisogno di allentare la tensione o di sostenere la sua pratica di autocura.

- Ascolti musica o podcast che la calmano e la rendono felice.

- Renda il suo mondo visivo attraente. Appenda quadri o dipinti che ama nella sua casa o nel suo ufficio.

- Faccia una doccia o un bagno caldo.

- Utilizzi gli oli essenziali per calmare il suo sistema.

- Provi un libro da colorare per la mente.

- Inizi un progetto artistico. Dipinga, scolpisca o costruisca un pezzo artistico.

- Riorganizzi una stanza o un'area della casa (armadio, bagno, comodino). Sia orgoglioso di piccoli risultati come questo.

- Respiri consapevolmente: provi a fare il box-breathing, o un respiro focalizzato sull'espirazione, ad esempio inspirando per quattro conteggi ed espirando per sei conteggi.

- Faccia delle pause durante la giornata per camminare fino a quando non si sente tranquillo.

- Parli con un amico che la ispira.

- Partecipi a un evento comunitario di beneficenza (faccia qualcosa di gentile per gli altri).

- Ridere (guardare qualcosa di divertente o ridere con un amico).

- Pratica lo yoga o il tai chi.

- Tenga il lavoro separato dal suo spazio e dalla sua vita personale (anche in casa, abbia un'area separata riservata al lavoro).

- Discuta dei sentimenti di stress con un professionista esperto.

- Rilassi consapevolmente la mascella durante la giornata.

- Crei un limite per il suo tempo e lo rispetti (anche quando è difficile).

- Consenta al suo corpo di riposare quando è malato. Non si sforzi troppo.

- Ripensi alla sua giornata. Prima di qualsiasi attività potenzialmente stressante, pensi: "E se tutto andasse bene?". Ripercorra nella sua mente la giornata migliore che sta per vivere.

- Rimanga idratato durante la giornata.

- Prenda una pianta per il suo ufficio o per la sua casa (o per entrambi!).

- Si sieda su una sedia comoda per tutta la giornata lavorativa. Una postura corretta può migliorare l'umore.

- Impari a perdonarsi e a superare gli errori. Succede.

- Pratica quotidianamente l'accettazione e la gentilezza

- Eviti i comportamenti compulsivi o i vizi che non sono utili.

- Trovi del tempo per se stesso ogni giorno (anche se si tratta di soli 10 minuti).

- Esca all'aperto nelle giornate di sole.

- Allunghi i muscoli.

- Mangi un frutto che ama.

- Faccia una passeggiata nel parco. Osservi i suoni che la circondano (il cinguettio degli uccelli, il vento che soffia tra gli alberi, i cani che abbaiano, le persone che parlano, ecc.)

NB: *Le idee di autocura di cui sopra aiutano a sistemare il cervello e il corpo per le pratiche regolari di meditazione mindfulness. Vedere l'Appendice per le audioguide gratuite sulle meditazioni di consapevolezza. Utilizzi queste audioguide insieme alle pratiche di autocura di cui sopra, mentre intraprende il suo "Anno della Mindfulness".*

Punti chiave

Naturalmente, nessun individuo desidera una vita ansiosa, ma lo stress può verificarsi con la vita moderna, le maggiori responsabilità e i traumi precedenti. L'utilizzo di tecniche mindful per mettere un punto fermo nella nostra giornata, coltivare qualcosa di bello per noi stessi e rienergizzare la nostra mente può aiutare a mitigare lo stress che tutti noi sperimentiamo.

- Lo stress può rimanere nel corpo e nella mente per giorni, mesi o addirittura anni dopo l'esperienza.

- Riconoscere che i suoi sentimenti possono influenzare le sue azioni le permette di fare il primo passo per cambiare le sue abitudini.

- I traumi del passato possono avere un impatto sul presente, se non abbiamo un modo consapevole di elaborare i nostri sentimenti.

- Parlare con un medico dello stress che influisce sulla sua capacità di lavorare, fare esercizio fisico o rilassarsi è un passo positivo per cercare una guida e un trattamento.

- Concedere del tempo per le pause di meditazione durante la giornata può aiutarla a stabilire una routine di cura di sé, portando a una comprensione più profonda della connessione tra mente e corpo.

Nella prossima sezione, passeremo a una delle idee più difficili associate alla mindfulness. Quando impariamo a distaccarci dallo stress non necessario e a creare dei confini, possiamo trovare una maggiore connessione con noi stessi e con coloro che ci sostengono e ci amano.

Capitolo 6:

Come lasciarsi andare con le meditazioni quotidiane

Si è trovato a trascorrere la sua giornata quando, all'improvviso, ecco un altro pensiero invadente? *Si affretti! Correre! Si nasconda!* pensa tra sé e sé. Ma fuggire dai pensieri indesiderati è difficile, soprattutto senza l'aiuto di una pratica calmante.

Molti di noi sperimentano pensieri negativi o autocritici. Inoltre, possiamo avere persone nella nostra vita che aumentano il nostro stress e i nostri pensieri di disturbo, rendendo difficili anche i compiti più semplici. In questo capitolo, esamineremo come possiamo modificare il modo in cui pensiamo alle idee che ci danneggiano, in modo da imparare a stabilire dei limiti con gli altri e diventare più produttivi nelle nostre esperienze quotidiane, alleviando le pratiche ansiose e i risultati stressanti.

Prima di immergerci in questa sezione, però, facciamo un passo indietro per capire perché certi pensieri sembrano impossessarsi di noi. Per la maggior parte, gli esseri umani sono intrinsecamente buoni. Vogliamo aiutare gli altri, mostrare empatia, impegnarci e avere successo nella vita. Naturalmente, ci sono delle eccezioni, ma credo che le persone che conosce personalmente nella sua vita vivano ogni giorno con l'intento di fare ciò che ritengono giusto. Tuttavia, diventa difficile quando una mentalità perfezionista, un eccesso di pensiero o uno stress inaspettato influiscono sulla nostra capacità di pensare con chiarezza.

Immagini che un amico le mandi un messaggio per comunicarle l'entusiasmante notizia che è stato appena assunto per un nuovo lavoro. A seconda del punto in cui si trova nella sua fase di lavoro o di vita, potrebbe sentirsi felice per loro, ma se le capita di essere alle prese con un lavoro che non la soddisfa o che le causa stress, la sua reazione alla notizia dell'amico potrebbe essere sfumata di frustrazione, gelosia o rabbia. La maggior parte di noi non vuole sentirsi in questo modo e molti

noi nasconderemo qualsiasi negatività, ma è umano provare un mix di emozioni. In alcuni casi, una risposta iniziale può aggravarsi e portare a sentimenti di vergogna, dubbio o insignificanza.

Quindi, cosa possiamo fare personalmente per avere un maggiore controllo sui nostri sentimenti e sulle risposte che abbiamo alle idee e agli eventi che si presentano quotidianamente? Il concetto di "lasciar andare" può non essere facile da mettere in pratica, ma comprendendo cosa significa avere un distacco sano e imparando a stabilire dei limiti, sarà sulla buona strada per creare una mentalità benefica per se stesso.

Distacco sano

Se finora ha notato che il concetto di mindfulness si collega all'avere una sorta di "meta-consapevolezza" dei suoi pensieri e delle sue esperienze, sta comprendendo uno dei componenti chiave di questa pratica. Come abbiamo discusso, l'obiettivo di molte pratiche mindful è di non farsi prendere dalle emozioni o dai sentimenti legati alle idee che si affacciano alla mente, e di osservare semplicemente questi pensieri come se fossimo estranei ad essi.

L'abilità di concentrarsi sul respiro e di essere spettatori di altri pensieri richiede pratica e può essere raggiunta con la meditazione mindful regolare. "Mentre si mantiene un'attenzione esplicita ma minima sull'ancora, si usa la meta-consapevolezza consapevole per percepire le caratteristiche dell'esperienza in corso che non riguardano l'oggetto esplicito... ma riguardano invece le caratteristiche fuori dall'oggetto" (Dunne et al., 2019). Un esempio di "concentrazione su un'ancora" potrebbe essere la concentrazione sul respiro o sul corpo.

La relazione tra la capacità di osservare con attenzione i pensieri che fluttuano ci dà una base per comprendere i fondamenti di un sano distacco. Poiché questa pratica si basa sulla ricerca di modi per dimostrare gentilezza a noi stessi, è importante mettere questo concetto in primo piano. Non ci stiamo distaccando per mostrare cattiveria o freddezza agli altri, ma ci stiamo distaccando con un approccio consapevole per la cura e la crescita di noi stessi.

"Tra lo stimolo e la risposta c'è uno spazio. In questo spazio c'è il nostro potere di scegliere la nostra risposta. Nella nostra risposta risiede la nostra crescita e la nostra libertà".

Adoro la citazione qui sopra, spesso attribuita al dottor Viktor E. Frankl. È una potente illustrazione della libertà di scelta che si ottiene con la pratica della consapevolezza e del sano distacco. Si acquisisce la capacità di fare scelte consapevoli sulle proprie risposte, invece di avere una reazione innescata. Questa idea permette alla persona di cercare la pace, di risolvere i problemi e di andare avanti.

Per scoprire da cosa ha bisogno di distaccarsi, pensi per un momento a come potrebbe sentirsi bloccato durante la sua giornata. Alcuni di noi hanno degli obblighi necessari, come la cura dei bambini o degli anziani, quindi il concetto di distacco sano deve essere chiarito, dato che il nostro servizio agli altri è spesso richiesto.

Consideri quali sono gli oggetti che non le servono a nulla e quali potrebbero causarle maggiore frustrazione rimanendovi attaccato. Quando si tratta di stabilire dei limiti sani, li consideri per diverse categorie di vita, come il lavoro, la famiglia, la casa e le relazioni.

Limiti del lavoro

Potremmo avere il lavoro e i collaboratori più straordinari del mondo, ma senza una separazione tra lavoro e vita domestica, la nostra mente potrebbe sentirsi continuamente in affanno per stare al passo e completare i compiti. Inizi a pensare alle linee che potrebbe tracciare quando si tratta della sua energia mentale. Spesso è difficile lasciarsi mentalmente alle spalle il lavoro una volta terminata la giornata lavorativa, quindi stabilisca un modo transitorio per terminare il lavoro, in modo da essere mentalmente preparato a lasciarselo alle spalle. Ciò potrebbe significare incorporare un semplice gesto alla fine della giornata lavorativa per ricordare al suo cervello che il lavoro è terminato. Ad esempio, accendere una "canzone segnale" uguale ogni giorno o impostare una sveglia sul telefono per ricordarsi che è ora di lasciarsi alle spalle questa parte della giornata.

Creare un confine lavorativo potrebbe anche significare dire "no" a volte. Naturalmente, è importante contribuire al nostro lavoro. Allo stesso tempo, dobbiamo anche comunicare agli altri quando ci sentiamo sovraccarichi prima che questo diventa un problema quando ci sentiamo esauriti sul posto di lavoro. La comunicazione è fondamentale in questo caso, poiché la creazione di questo tipo di limiti può richiedere discussioni con i leader o i capi, mentre è fondamentale rimanere chiari e onesti sul motivo per cui è necessario stabilire un limite. Se la creazione di confini sul lavoro è difficile per lei, parli con colleghi amichevoli dei problemi che sta incontrando e veda se c'è una soluzione che potete creare insieme.

L'idea contenuta nel libro di Oliver Berkeman *Four Thousand Weeks: La gestione del tempo per i mortali* spiega in modo conciso la pressione che esercitiamo su noi stessi nel tentativo di portare a termine i compiti: "Piuttosto che affrontare i nostri limiti, ci impegniamo in strategie di evitamento nel tentativo di continuare a sentirci senza limiti. Ci spingiamo sempre più in là, inseguendo le fantasie di un perfetto equilibrio tra lavoro e vita privata... Negare la realtà, però, non funziona mai" (Burkeman, 2021). Quando non ci soffermiamo a riconoscere i nostri pensieri, scopi o sogni interiori, ci priviamo di qualcosa di più grande e operiamo come un semplice ingranaggio di una macchina.

Limiti della famiglia

Dire "no" ai membri della famiglia può essere spesso più impegnativo che creare un limite con i colleghi di lavoro, quindi stabilire questo limite richiede una certa precisione. Se sopporta costantemente commenti o azioni che la mettono a disagio, si soffermi a considerare come questo la stia influenzando mentalmente ed emotivamente. Senza arrabbiarsi o fare polemica, trovi un modo per comunicare il suo disagio quando qualcuno usa azioni o un linguaggio odioso o dannoso.

Ha tutto il diritto di proteggere se stessa e le persone che ama da membri della famiglia che la fanno sentire mentalmente svuotata di energia o che non sostengono il suo benessere. Nel suo desiderio di prendersi cura di sé, ricordi che un limite non deve essere permanente, ma può fornirle una pausa in modo da poter collocare la sua energia positiva altrove. Dichiarare i suoi sentimenti ai membri della famiglia è una parte fondamentale della creazione di questo confine. È importante essere chiari e diretti nell'affrontare queste discussioni, ma non puntare il dito della colpa. Spieghi con calma come si sente e perché ha deciso che questo limite è necessario per lei.

Confini della casa

Anche vivere da soli può rappresentare una sfida se non abbiamo dei limiti per il nostro spazio domestico. Per esempio, se il telefono, la televisione o il computer portatile sono distrazioni costanti da altre attività che potrebbe praticare a casa, potrebbe essere il momento di creare dei limiti con queste barriere che potrebbero trattenerla da altre esperienze.

Se si ritrova a scorrere senza pensieri i post su internet come prima cosa al mattino, consideri di evitare consapevolmente la tecnologia almeno per i primi 30-60 minuti della giornata. Invece, inizi la sua giornata con la consapevolezza dei suoi pensieri e lasci che questi la guidino alla scoperta di sé. Iniziare la giornata con una breve meditazione può creare un tono di calma per la sua mente, mentre affronta qualsiasi cosa le riservi la giornata.

Se vive con altre persone, creare dei confini personali per lei a casa può risultare difficile, quando rumori, conversazioni e interruzioni fanno semplicemente parte della sua giornata. Se si accorge di avere difficoltà a creare un confine per se stesso all'interno della propria casa, comunichi il suo desiderio di avere del tempo per se stesso. Anche se chiede dieci minuti nella sua giornata per meditare da solo, leggere un libro, fare una passeggiata o fare esercizio fisico da solo, è importante esprimere il suo bisogno di avere questo tempo, poiché questo può ricaricare la sua energia e permetterle di diventare più produttivo e rilassato.

Limiti relazionali

Una delle aree più impegnative della creazione di confini è la creazione di confini nelle nostre amicizie quotidiane o nelle nostre relazioni sentimentali. Possiamo sentirci in colpa se non abbiamo abbastanza ore nella giornata da dedicare a tutti. Prendiamo in considerazione la possibilità di mettere da parte del tempo personale per completare le attività che desideriamo o di creare un confine con qualcuno che non apprezza il nostro tempo o la nostra energia.

Se sente di essere affaticato mentalmente a causa della socializzazione con certe persone che le prosciugano l'energia, potrebbe trovarsi di fronte a una nuova opportunità di creare un confine.

Stabilire un limite emotivo per se stesso richiede un'analisi più approfondita delle relazioni con gli altri. Se gli altri la mettono in difficoltà o se ha regolarmente discussioni irrisolte con una persona, è il momento di rivalutare questa relazione. La sta servendo bene? Cosa potrebbe fare del suo tempo se non lo trascorresse con questa persona? C'è qualche speranza che l'altra persona rispetti un limite da lei stabilito? Si prenda un po' di tempo per considerare i suoi sentimenti quando è vicino a questa persona e come si sente quando vi separate.

I confini non devono essere permanenti, ma se si sente danneggiato all'interno di una relazione, sia mentalmente che fisicamente, è ora di porvi fine il prima possibile. Se ritiene di aver bisogno di aiuto per creare un confine con un'altra persona, soprattutto in una relazione dannosa con un partner, si rivolga a una risorsa fidata come un familiare, un amico stimato o una linea telefonica di supporto disponibile nella sua zona.

La costruzione di confini relazionali può talvolta essere un'area complessa, in quanto si tratta di emozioni e idee che per alcuni possono essere scomode da discutere. Si rivolga a un terapeuta o a un consulente se questa è un'area con cui lei o qualcuno che conosce ha difficoltà.

Buoni libri su questo tema, come quelli di Nicole Lepera e Nedra Tawwab, offrono ai lettori una guida per stabilire dei limiti e formare relazioni sane.

Come liberarsi

Nella sua ricerca di opportunità per sentirsi produttivo e distaccato da attività o persone che le impediscono di crescere, è necessario concentrarsi sulla sua situazione attuale. Naturalmente, pensare al futuro può essere utile per la pianificazione a lungo termine, ma incoraggi il suo cervello a rimanere attento alle circostanze e alla realtà attuali. Ad esempio, trovare uno sbocco per i pensieri ansiosi può creare uno spazio per loro senza dare loro il potere di prendere il sopravvento. Inizi a liberare la sua mente oggi stesso, riservando da cinque a dieci minuti per permettersi di preoccuparsi. Davvero! Può sembrare sciocco o addirittura controproducente, ma concedere alla sua mente una quantità limitata di tempo per pensare allo stress che sta vivendo, può essere liberatorio per andare avanti con altri pensieri più produttivi nella sua giornata.

Inoltre, per "sbloccarsi" potrebbe essere necessario ingannare il suo cervello e concentrarsi su un'attività più salutare, come la partecipazione a uno sport, il crafting, l'esercizio all'aperto o il decluttering dell'armadio. La sua mente può ancora vagare verso un'idea stressante, ma può riportarla a prendere decisioni sul compito da svolgere per allontanare i pensieri ansiosi.

Se c'è un problema che richiede attenzione immediata, prenda le decisioni più appropriate per risolvere ciò che può, poi si conceda una pausa per concentrarsi su un'attività che possa distrarre i suoi pensieri da idee stressanti o inutili. Invece di pensare a questa attività come a un modo per rimandare lo stress, la consideri un metodo per aggiungere delle pause salutari alla sua giornata, che le offriranno una liberazione dai pensieri indesiderati.

Idee mindful per un sano distacco

Quando considera i metodi di creazione dei confini e i modi per sfruttare al meglio i suoi interessi, si ricordi di fare un passo consapevole nella creazione di uno spazio per il suo confine. Se si sta allontanando da una persona a cui un tempo era molto legato, consideri cosa è cambiato nella sua vita o nella loro che potrebbe non soddisfarla più o riempirla di gioia.

Tutti noi abbiamo momenti di progresso e sviluppo personale, quindi, in varie fasi della sua vita, potrebbe scoprire che ha bisogno di fare un cambio di rotta per prendersi cura di sé e separarsi da idee dannose verso le quali ha gravitato in passato. Si lasci guidare da questo elenco di idee consapevoli per un distacco sano, alla ricerca di modi per uscire dalla routine e trovare momenti per se stesso.

- Scriva un elenco di hobby che ama (o che amava). Provi uno di questi questa settimana.

- Semplifichi la sua vita. Consideri quale spazio fisico e mentale può creare per sé.

- Si chieda: "Mi sta servendo bene?". Se non è così, prenda in considerazione l'idea di lasciar perdere.

- Trovi persone che la pensano come lei e con cui possa parlare.

- Provi a staccarsi dai social media (anche solo per un'ora o due).

- Esercitarsi a comunicare con i membri della famiglia. Non deve permettere a nessuno di ignorare le sue esigenze, ma deve anche farle conoscere agli altri.

- Affrontare i problemi di petto, anziché evitarli o nascondersi da essi.

- Cerchi un supporto professionale per limitare o eliminare l'uso di alcol e droghe.

- Osservi i suoi pensieri ogni giorno. Immagini di essere un estraneo che osserva il suo cervello pensante.

- Quando prova una delusione, si prenda un momento per riflettere sull'esperienza. Si conceda del tempo per riconoscere il motivo della delusione, trovi un modo per accettare la sensazione e poi la lasci andare.

- Riconoscere che i suoi sentimenti sono potenti e che le è permesso provarli.

- Si concentri sul respiro per alcuni minuti per aiutare a interrompere il ciclo di pensieri ruminativi.

- Si conceda un po' di "tempo da solo" per riflettere sulla sua giornata.

- Riconoscere che può mostrare compassione e comprensione senza rimanere invischiato nelle prospettive o nei conflitti degli altri.

- Esponga le sue esigenze nel modo più specifico possibile.

- Rimanga coerente con i limiti che ha creato.

- Identifichi le vecchie convinzioni che potrebbe dover aggiornare.

- Ascoltare gli altri senza giudicare.

- Si conceda dei "time-out" quando si sente ansioso o stressato (si conceda un tempo di recupero).

- Si chieda: "Cosa posso controllare in questo momento?".

- Si renda conto che ci sono molte possibilità di risultato, invece di una sola. Quando si trova di fronte a una scelta importante, faccia un brainstorming di tutte le idee che le vengono in mente.

- Non aspetti che sia la felicità a raggiungerla, pianifichi le attività che la rendono felice!

- Si chieda: "Cosa ho imparato da questa esperienza?".

- Rifletta se alcuni alimenti specifici o la mancanza di esercizio fisico possano ostacolare la sua capacità di distacco.

- Predisponga delle sveglie per le "pause mentali" durante la giornata.

- Esercitarsi nelle conversazioni difficili prima di affrontarle.

- Aspetti un momento prima di rispondere a una domanda difficile (faccia una pausa e ci pensi prima).

- Riconoscere che il trauma passato può avere un impatto sui futuri attaccamenti o distacchi. La collaborazione con un terapeuta o un consulente può essere utile per analizzare e comprendere il trauma, in modo che possa avvenire la guarigione.

- Riconoscere che la vita non va sempre esattamente come l'abbiamo pianificata, ma questa è un'opportunità di crescita e di apprendimento. Lasciare andare le vecchie aspettative ci libera per accogliere nuove opportunità.

NB: Le idee di autocura di cui sopra aiutano a sistemare il cervello e il corpo per le pratiche regolari di meditazione mindfulness. Vedere l'Appendice per le audioguide gratuite sulle meditazioni di consapevolezza. Utilizzi queste audioguide insieme alle pratiche di autocura di cui sopra, mentre intraprende il suo "Anno della Mindfulness".

Punti chiave

Comprenda che ci saranno alti e bassi nel suo percorso verso la consapevolezza. In alcuni giorni, potrebbe essere difficile creare uno spazio in cui osservare i suoi pensieri e rimanere consapevole delle opportunità presenti. In questi giorni, consideri di mettere i suoi "freni emotivi" e di trovare un'attività o una persona che la aiuti a resettare. Più si prenderà del tempo per rendersi felice, più sarà naturale trovare del tempo per questo semplice atto.

- I distacchi sani danno alla persona l'opportunità di lasciar andare le relazioni insicure o malsane.

- Creare una distanza da un'attività o da un individuo che non contribuisce positivamente al nostro benessere può essere una forma di cura di sé.

- Potrebbe essere necessario stabilire dei confini con il lavoro, la famiglia, la casa e le relazioni per acquisire una maggiore consapevolezza di sé e un maggiore comfort.

- Rimanere nel momento presente con la consapevolezza può aiutare una persona ad adattarsi a un nuovo confine.

Il prossimo capitolo le darà la possibilità di riflettere sulla sua routine quotidiana, per vedere come le scelte consapevoli possano diventare una parte naturale della sua vita. Dopo tutto, quando si impara a vivere serenamente, si capisce come vivere in modo consapevole.

Capitolo 7:

Vivere serenamente

Se si sente invidioso della vita degli altri, tenga presente che l'erba non è sempre più verde dall'altra parte della barricata della vita. Anche se in alcuni giorni potrebbe sentire di non avere tutto sotto controllo, è importante ricordare che la maggior parte degli adulti affronta sfide continue e trae beneficio sia dal sostegno esterno che dalle proprie pratiche di mindfulness.

La mindfulness ha fatto molta strada da quando è stata adottata dalle prime filosofie religiose. L'idea del "no-self" del Buddismo tradizionalmente significava che, poiché una persona gravita naturalmente verso il pensiero di se stessa prima di tutto nel mondo e degli oggetti che possono diventare suoi, le pratiche mindful le avrebbero permesso di risolvere questo desiderio, in modo che questo atteggiamento competitivo non fosse presente (Giles, 2019). La filosofia buddista incoraggia a lasciarsi alle spalle idee egocentriche come la gelosia, l'invidia e l'avidità, in modo che non diventino il fulcro della vita di una persona.

Sebbene la mindfulness nella cultura occidentale abbia molti legami con le tradizioni del Buddismo, il concetto di abbandonare il "sé" per vivere una vita più soddisfacente probabilmente non si collega a una persona che sta lavorando per ridurre lo stress. Lavorare per calmare il corpo fisico, alleviare i pensieri intrusivi ed eliminare le preoccupazioni persistenti tende a significare che dobbiamo adottare un approccio interiore per comprendere profondamente noi stessi e i nostri valori.

Tenendo presente questo, pensi alla mindfulness come a un modo per raggiungere un maggiore senso di completezza in tutti gli aspetti della nostra vita. Ci dà la possibilità di entrare in qualsiasi situazione con una comprensione di noi stessi, in modo da non diventare qualcuno che non siamo. L'obiettivo, invece, è riconoscere i nostri sentimenti mentre viviamo in modo consapevole e pacifico.

Vivere serenamente, non perfettamente

Le capita mai di trovarsi in un momento di frustrazione e di non essere orgoglioso del modo in cui si sta comportando? Per esempio, se qualcuno le taglia la strada nel traffico, potrebbe trovarsi ad essere furioso, con il cuore che batte all'impazzata e le mani che stringono il volante. In molte situazioni, il nostro corpo può dirci molto su come ci sentiamo, senza che sia necessario parlarne o pensarci su.

C'è qualcosa da dire sull'idea di lavorare per avere sentimenti più neutri quando meditiamo o pratichiamo attività con la consapevolezza. Naturalmente, questo non è facile quando abbiamo grandi emozioni che possono ostacolarci, ma un'idea chiave che può aiutarci è quella di concentrarci, in piccoli modi, sul progresso e non sulla perfezione.

Eliminare gli articoli fisici

Vivere in pace non significa necessariamente sradicare completamente la sua vita e diventare irriconoscibile, ma dovrebbe fare scelte consapevoli su ciò che vuole tenere vicino a sé e su ciò che non vuole. Inizi a considerare il suo spazio fisico e tutti gli oggetti che potrebbero non servirla più. Pensi a quali oggetti domestici e vestiti non le servono più e inizi a vivere serenamente nella mentalità che gli oggetti fisici non equivalgono alla felicità. Più abbiamo fisicamente intorno a noi, occupando spazio, più tendiamo a sentire un affollamento all'interno della mente.

Inizi a decidere consapevolmente quali oggetti in casa o nell'armadio potrebbe donare per creare un ambiente libero dal disordine per il suo corpo e la sua mente. Parafrasando il concetto che Marie Kondo condivide nel suo bellissimo libro "La magia del riordino che cambia la vita", può essere utile considerare la domanda "Questo oggetto mi dà gioia?" quando decide se tenere un oggetto.

Eliminare le decisioni

Oltre a sentirsi sopraffatti quando il nostro spazio fisico diventa affollato, la nostra mente è stressata quando dobbiamo prendere troppe decisioni quotidiane. Questo non vuol dire che non abbiamo più bisogno di completare le faccende necessarie, ma in molte circostanze, aggiungiamo stress alla nostra giornata con la nostra incapacità di semplificare. Quando abbiamo troppe scelte su cosa indossare, mangiare, guardare o scorrere, la nostra mente viene sovrastimolata al punto da sentirsi persa nel processo decisionale.

Invece di tentare di affrontare tutte le attività che la circondano, inizi a prendere delle decisioni ferme su quali attività sono necessarie e quali no. Meno decisioni deve prendere il suo cervello ogni giorno, più si sentirà libero quando si presenteranno le decisioni importanti. Spenda la sua energia in luoghi mirati e consideri quali decisioni può eliminare per sentirsi più libero.

Il suo gruppo di base

Quando ha imparato a definire i confini nel Capitolo 6, abbiamo parlato di prendere una pausa dalle persone che non sostengono i suoi obiettivi mentali. Ora può esplorare questa idea in modo ancora più profondo, valutando chi la fa sentire apprezzata, desiderata e felice, in modo da creare il suo "gruppo di base". Pensi a chi rispetta il suo lavoro, il suo tempo, le sue attività e altri aspetti generali della sua vita, e tenga queste persone vicine. Proprio come vorrebbe sostenere gli altri facendo capire loro quanto sono speciali e apprezzati, questo gruppo di base dovrebbe essere composto da persone che le ricordano quanto lei sia eccezionale.

Il gruppo di base non deve essere necessariamente un gruppo numeroso. Può mantenerlo piccolo, poiché si tratta di amici e familiari importanti con cui vuole trascorrere del tempo di qualità. Se può essere d'aiuto, crei un elenco di tre o quattro persone che sa che la sosterranno sia nei momenti difficili che in quelli di successo. Queste persone non d e v o n o essere necessariamente amiche tra di loro, ma possono essere persone indipendenti che la faranno sentire felice e serena.

Capire chi deve essere

Ora che ha considerato come stabilire dei limiti e creare un gruppo di base che la sostenga, si renda conto che, anche se non deve vivere su un'isola, a volte può farlo! Questo significa che non deve stressarsi con sensi di colpa o obblighi quando deve dire "no" agli altri. Sì, l'amicizia è una strada a doppio senso che richiede che le persone estendano il sostegno che vorrebbero ricevere, ma dovrebbe anche sentirsi a suo agio nel prendere le proprie decisioni su come riservare tempo ed energia a se stesso.

Nel pianificare il suo tempo con gli altri, conservi del tempo per se stesso. Il tempo da soli può essere più pratico e vantaggioso di quanto si pensi. Molto probabilmente, lei sa che quando è "in movimento" durante tutte le ore del giorno, può stancarsi rapidamente di questo modo insostenibile di esistere.

Tenendo presente questo, la pratica della mindfulness può aiutarla a conoscere meglio sé stessa e le sue esigenze, in modo da poter scegliere le attività per cui risparmiare energia e, in alternativa, quando ha bisogno di riposare. Questa idea dovrebbe avere un senso se ci pensa: se cerchiamo di assumere troppe cose, la nostra salute mentale può risentirne, causando ansia o stati depressivi. In particolare, negli studi sul cervello, la depressione può verificarsi come risultato dell'impatto delle emozioni sull'amigdala, a causa dell'iperattività di quest'area del cervello (Barnhofer, 2019). Quando lo stress continua, quest'area rimane iperattiva, a meno che non si riesca a fare dei cambiamenti per calmarla.

Altri studi hanno evidenziato i benefici del Mindfulness-Based Cognitive Training (MBCT) nell'alterare la plasticità cerebrale per ridurre lo stress nei pazienti (Barnhofer, 2019). Le conclusioni di questi studi intendono dare un'idea di come la mindfulness possa diminuire i pensieri negativi e migliorare l'umore del paziente attraverso la formazione mindfulness, poiché i pazienti possono riconoscere meglio e distaccarsi dai modelli di contrattempo legati allo stress.

Risparmiando tempo per le pratiche mindful, sosteniamo la salute del nostro cervello, permettendogli di passare da un'attività all'altra. Questo aiuta la nostra adattabilità in molte situazioni. Quando siamo in grado di rimanere flessibili, siamo anche in grado di costruire la nostra resilienza emotiva, il che consente ci permette di affrontare meglio i futuri momenti di stress. Certo, continuiamo a sperimentare nervosismo e preoccupazione, ma possiamo rimanere più fluidi quando navighiamo nel nostro mondo.

Una semplice domanda

Quando la vita le sembra eccessivamente complicata e ha bisogno di una guida ancora più gestita per ottenere un po' di controllo sul suo percorso verso la tranquillità, torni a un'idea semplice. Questo concetto può aiutarla nei giorni più difficili, quando lavorare, prendersi cura degli altri o semplicemente uscire di casa è difficile. Si chieda: "Di cosa ho più bisogno in questo momento?" e aspetti che la sua mente risponda a questa domanda. Mi rendo conto che può sembrare ridicolo, ma provi a farlo la prossima volta che sta perdendo il controllo. Si sieda in un luogo tranquillo, chiuda gli occhi, faccia un respiro profondo e rifletta su questa domanda per vedere cosa succede.

Ho scoperto che quando ho provato a chiedermelo e ad aspettare una risposta, alla fine salta fuori qualcosa di definitivo. Il suo cervello saprà di cosa ha bisogno quando ne ha bisogno. A volte, il mio cervello vuole che mi sieda più a lungo per meditare mentre mi calmo. Altre volte, la mia mente mi dà una singola affermazione calmante, come "Posso farcela", che mi dà la forza di affrontare il resto della giornata. Di tanto in tanto, il mio cervello mi dice di dedicarmi a qualcosa che fa bene al mio corpo, come un bagno. Qualsiasi cosa mi venga in mente mentre mi siedo mi dice che è ciò di cui ho bisogno, e permettermi di farlo è un regalo per me stessa.

Provi a farlo la prossima volta che ha bisogno di una liberazione. Si chieda semplicemente: "Di cosa ho più bisogno in questo momento?".

Idee Mindful per la pace e la resilienza

Si ricordi che prendersi del tempo per ricordare a se stesso ciò che ama nella vita può aiutarla a rimanere radicato nel momento presente. Mentre prende in considerazione l'adozione degli elementi sottostanti nella sua vita, può trovare un diario o un quaderno per tenere traccia del suo percorso verso la pace e la resilienza. Cominci con scrivere alcune cose per cui è grato al momento, in modo da iniziare a creare un'abitudine di apprezzamento.

- Faccia un elenco di cinque cose che ha realizzato o provato per la prima volta quest'anno.

- Adotti una visione più gentile e compassionevole degli altri, che li conosca o meno. Si eserciti a non giudicare e cerchi invece di essere curioso nei confronti degli altri.

- Si mostri gentile con un atteggiamento non giudicante verso se stesso.

- Semplifichi la sua vita riordinando le aree della sua casa.

- Trascorra del tempo nei luoghi che ama nella sua casa.

- Andare all'aria aperta. Partite per nuove avventure.

- Provi ad utilizzare tende oscuranti nella sua camera da letto. Questo può aiutarla a godere di un riposo notturno migliore, in modo da svegliarsi riposato.

- Investa in una coperta accogliente o in lenzuola comode (o in entrambe!).

- Provi a scrivere i semplici piaceri della sua giornata (mangiare cibi deliziosi e salutari, provare qualcosa di nuovo, fare un complimento a qualcuno, ecc.)

- Si riconosca per le attività, le competenze o gli hobby *che può svolgere*. e di non farsi prendere da ciò che non può fare.

- Riconoscere che non si troverà per sempre nello stesso momento di stress (tutto è temporaneo).

- Tenga traccia di eventuali fattori scatenanti che potrebbero turbarla e rifletta su cosa può fare al riguardo.

- Tenga un calendario o una lista di cose da fare con i suoi "cinque principali" compiti necessari ogni settimana.

- Aggiunga varietà alla sua vita (faccia un nuovo percorso per andare al lavoro, provi un nuovo cibo, ascolti nuova musica).

- Si unisca a un gruppo o a un club che la appassiona.

- Faccia un elenco di modelli di ruolo nella sua vita. Scriva un diario sulle qualità che ammira in loro.

- Ridere e mantenere il senso dell'umorismo durante la giornata.

- Rimanga flessibile e adattabile quando gli eventi non vanno a suo favore.

- Si prenda del tempo per preparare e praticare discorsi e presentazioni.

- Sia consapevole del numero di volte in cui controlla le e-mail personali o i messaggi di testo nel corso della giornata.

- Quando è stressato, provi a utilizzare oli essenziali o profumi di lavanda per calmarsi.

- Faccia un bagno di schiuma.

- Dipingere o colorare un'immagine.

- Prenda una "mini-vacanza" per un fine settimana da solo.

- Utilizzi una lozione lenitiva prima di andare a letto.

- Scriva un articolo di diario su qualcosa che la fa arrabbiare, poi strappi il foglio e lo butti via. Immagini che si tratti di una rabbia inutile di cui si sta liberando.

- Si riservi almeno un giorno al mese per stare a casa e ricaricare le energie.

NB: *Le idee di autocura di cui sopra aiutano a sistemare il cervello e il corpo per le pratiche regolari di meditazione mindfulness. Vedere l'Appendice per le audioguide gratuite sulle meditazioni di consapevolezza. Utilizzi queste audioguide insieme alle pratiche di autocura di cui sopra, mentre intraprende il suo "Anno della Mindfulness".*

Punti chiave

Continui a identificare gli aspetti positivi della sua vita e a scriverli in un elenco veloce da consultare nei momenti difficili. Quando riesce ad apprezzare le idee e gli elementi per cui è grato, diventa più facile provare un senso di realizzazione per la vita che si è costruito.

- Nella filosofia buddista, la mindfulness si concentra sull'eliminazione di concetti egoistici come la gelosia, l'invidia e l'avidità, incoraggiando invece la separazione tra questi sentimenti e la mente umana.

- Eliminare gli oggetti fisici e le decisioni che non le servono più può aiutarla a concentrarsi su un senso di scopo più forte. Inoltre, la scelta di un gruppo di base che la sostiene può aiutarla a stabilire una relazione con amici e familiari incoraggianti.

- Le pratiche mindful alleviano lo stress e la sovrastimolazione del cervello, in modo che la mente possa distaccarsi e iniziare ad apprendere abitudini più sane durante le difficoltà.

Siamo arrivati a un punto cruciale in cui possiamo iniziare a concentrarci su alcuni degli aspetti della vita in cui la mindfulness può essere più utile. Poiché la giornata lavorativa può diventare uno degli aspetti più ansiogeni della vita, se glielo permettiamo, ora parleremo di come gestire e prendere il controllo di questa parte della nostra giornata con grazia e prontezza.

Capitolo 8:

Respirazione consapevole per la giornata lavorativa

Se potesse esprimere un desiderio sul suo lavoro o posto di lavoro in questo momento, quale sarebbe? Vorrebbe avere uno stipendio più alto? Vorrebbe un capo più gentile e comprensivo? Vorrebbe avere dei colleghi che apprezzino i suoi sforzi ogni giorno?

La maggior parte di noi sogna di migliorare almeno un aspetto della propria vita lavorativa, ma cambiare qualcosa di un lavoro può essere impegnativo e sentirsi fuori dal proprio controllo. Molte persone desiderano un equilibrio tra lavoro e vita privata che permetta loro di dividere equamente il tempo tra il lavoro e il divertimento, in modo da non portare il peso del lavoro nella loro vita personale. Ma è possibile in un mondo occidentale che vive di industria e produttività?

Purtroppo, "il 40% dei lavoratori ha dichiarato che il proprio lavoro è molto o estremamente stressante" e "il 25% considera il proprio lavoro come il fattore di stress numero uno nella propria vita" (Batson, 2021). Valutare la felicità durante una giornata lavorativa sembra soggettivo - e in una certa misura lo è - ma tenendo presente questa statistica, la maggior parte di noi non può negare che un lavoro stressante non rappresenta l'idea di una giornata perfetta.

In questa sezione, esploreremo come diminuire le sensazioni di stress sul posto di lavoro e non solo. Con le tecniche di respirazione consapevole, possiamo riconoscere meglio quando ci sentiamo in ansia per il lavoro e imparare a fare delle pause per ricaricarci in questi momenti. Parleremo anche di come bilanciare meglio la vita e il lavoro, in modo che quest'ultimo non diventi la parte più importante della nostra giornata. Sebbene la maggior parte di noi consideri il lavoro una parte necessaria della propria vita, ci sono modi per migliorare i nostri pensieri sul lavoro, in modo che le sue sfide diventino opportunità di apprendimento più produttive.

Che cos'è il lavoro, davvero?

Nel comprendere i concetti che questo capitolo presenterà, mi rendo conto che la parola "lavoro" potrebbe sembrare limitante. Dopo tutto, che cos'è il lavoro? Tutti noi abbiamo un "lavoro" da portare a termine, giusto? Questa semplice parola contiene molti significati e per alcuni può avere una connotazione negativa. Ripensando e ridefinendo il termine "lavoro", possiamo esplorarlo in modo nuovo. Sebbene molte delle idee presentate qui possano riferirsi a un lavoro da nove a cinque, possono anche essere collegate a qualsiasi compito che riteniamo necessario ogni giorno.

Dal momento che esistono tutti i tipi di lavoro e le persone che lavorano per completare questi lavori, è necessario innanzitutto descrivere le varietà di lavoro, perché ognuna ha la sua importanza. I dirigenti delle grandi aziende lavorano per garantire che i dipendenti portino a termine i compiti e siano soddisfatti del loro ruolo. I dipendenti entry-level di un'azienda lavorano per acquisire esperienza e imparare a guidare. Gli istruttori di una palestra lavorano per costruire relazioni con i clienti, in modo che si sentano motivati ad allenarsi. I caregiver non retribuiti lavorano per assistere i propri cari nei momenti di bisogno e di dipendenza. I genitori casalinghi lavorano per prendere ogni giorno decisioni difficili per le loro famiglie. Indipendentemente dal tipo di "lavoro" di cui fa parte, lei fa la differenza nella vita degli altri e ha bisogno di sostegno e nutrimento per continuare a farlo.

Poiché è ovvio che l'idea del "lavoro" non rende tutti immediatamente entusiasti, l'identificazione di eventuali punti problematici o aree di miglioramento deve essere il primo passo per sentirsi soddisfatti del lavoro. Anche se questo non deve essere un compito monumentale, è un inizio importante per capire come cambiare o adattarsi alle situazioni lavorative. Proprio come in altre aree della nostra vita, abbiamo bisogno di un'esperienza sostenibile per non bruciarci troppo rapidamente quando si tratta di lavoro.

Si prenda un po' di tempo per esaminare la sua situazione attuale e tutte le parti che ritiene possano essere migliorate. Cosa sarebbe necessario per migliorare? Quali conversazioni dovrebbe avere? Come pensa che andrebbero queste conversazioni? Se ci sono elenchi che deve fare in questo processo, è il momento di tirare fuori della carta o un taccuino per annotare le idee. Non ci sono risposte sbagliate nel processo di brainstorming, quindi si senta libero di elencare tutto ciò che le viene in mente mentre valuta la sua esperienza di lavoro.

Valutare lo stress lavorativo

Immagini di avere un lavoro in cui sia in grado di svegliarsi al mattino dopo un'ottima notte di sonno, vivere otto ore produttive di flusso di lavoro ininterrotto, e poi concludere la giornata svolgendo attività che le piacciono senza nemmeno un accenno di ricordo del suo lavoro. Sì, giusto. Se a questo punto sta alzando gli occhi al cielo, lo sto facendo anch'io: sembra un'impresa impossibile per qualsiasi tipo di lavoro.

Una domanda importante da iniziare a porsi è: "Cosa rende il suo lavoro particolarmente stressante?". Potrebbe avere una lunga lista di esempi per rispondere a questa domanda, ma per ora concentriamoci su uno o due esempi principali. Se ha avuto modo di scrivere un diario su cosa potrebbe migliorare il suo lavoro, si senta libero di utilizzare una o due idee da questo elenco. In realtà, probabilmente potrebbe classificare lo stress lavorativo in una delle seguenti aree: fisica, emotiva e organizzativa. Molto probabilmente, qualsiasi fonte di stress che lei elenca potrebbe rientrare in una di queste categorie, quindi si prenda un momento per decidere in quali categorie rientrano i suoi esempi principali.

Per capire più a fondo quali implicazioni potrebbe avere ciascuna categoria, esamineremo ora alcuni esempi di stress in queste categorie.

Stress fisico da lavoro

Lo stress fisico derivante da un lavoro può aumentare in modo esponenziale. Questa categoria tende ad essere una delle più stressanti quando ci si concentra sulla sostenibilità di un lavoro. Per esempio, se solleva oggetti pesanti, sopporta rumori forti o lavora in condizioni di scarsa illuminazione durante la giornata, è probabile che lo stress derivante da ciò influisca fisicamente sul suo corpo nel tempo.

Stress emotivo da lavoro

Domanda: Che cosa è più difficile da gestire, a volte, dello stress fisico di un lavoro?

Risposta: Il tributo emotivo che comporta.

Quando si considerano le aggravanti sul posto di lavoro, i fattori di stress psicologico come le molestie, i cattivi rapporti di lavoro, le richieste di lavoro onerose o l'angoscia mentale hanno tutti un impatto sul benessere emotivo di una persona. Alcune persone potrebbero ignorare tutto questo come "parte del lavoro", ma è importante esaminare più da vicino i risultati che fattori come questi causano nel tempo, in quanto una persona potrebbe scoprire che la sua carriera potrebbe non valere un danno a lungo termine.

Stress lavorativo organizzativo

Lo stress organizzativo in un lavoro tende ad essere un po' più sottile, ma può insinuarsi con il passare del tempo. Se la struttura gestionale di un posto di lavoro danneggia nel tempo la produzione dei dipendenti, tutti ne risentono. Anche se questo tipo di stress può avere un impatto emotivo su una persona, la sua causa è radicata nelle inadeguatezze di un'azienda nel suo complesso. Ad esempio, se i dipendenti non ricevono gli strumenti adeguati per portare a termine un lavoro, lo stress può svilupparsi. Certo, i datori di lavoro possono interpretare questa mancanza di risorse come un modo per far sì che i dipendenti mostrino il loro ingegno e la loro creatività, ma esistono numerosi altri modi per consentire ai dipendenti di dimostrare queste capacità, soddisfacendo al contempo le loro esigenze di base. Una cultura organizzativa che incoraggi la comunicazione aperta e la fiducia, e che sostenga il benessere del personale, può giovare sia all'azienda che ai dipendenti.

Approfondimento sul lavoro

Come ben sa, l'impatto dell'avere un lavoro non pesa su una persona solo in un momento particolare. Accumuliamo lo stress come una valanga da un compito all'altro, quindi è importante avere degli strumenti per combattere lo stress prima che vada fuori controllo.

Se ha mai avuto a che fare con un lavoro in cui il tasso di turnover è elevato, il morale dei dipendenti è scarso o l'assenteismo è eccessivo, probabilmente si è soffermato a riflettere se valga la pena continuare a lavorare. Nel riflettere sulla sua decisione, comprenda che non è solo e che qualcuno, da qualche parte, si sente allo stesso modo.

Anche nei momenti più stressanti del suo lavoro, ricordi che, nella maggior parte dei casi, ha ancora la possibilità di scegliere i risultati che si verificano. Anche nei casi in cui una persona si sente bloccata in un lavoro che le causa stress, può comunque prendere decisioni su come procedere. In alcuni casi, questo potrebbe significare lasciare completamente il lavoro, ma non è necessario. Avere una conversazione importante con gli altri sull'equilibrio tra vita privata e lavoro, sui fattori di stress del lavoro o sulle esigenze fisiche della sua giornata può portare a un cambiamento nella fiducia e nella produzione sul lavoro.

Dare a se stesso una visione più approfondita di come si sente rispetto al lavoro che svolge ogni giorno può offrirle la conoscenza necessaria per prendere alcune decisioni impegnative su cosa fare in seguito. Consideri la sua risposta alle seguenti domande e la sua motivazione dietro ogni risposta:

- Si sente significativo sul posto di lavoro?

- Sente di avere un ruolo diretto nel successo del suo lavoro?

- Ha rapporti cordiali con i colleghi?

- È coinvolto nel processo decisionale del suo posto di lavoro?

- Vuole essere coinvolto nel processo decisionale del suo posto di lavoro?

- Come si sente a lavorare nel suo attuale lavoro tra cinque anni?

Sebbene ci siano modi per apportare cambiamenti significativi nella nostra vita ogni giorno, a volte i piccoli cambiamenti sono tutto ciò di cui abbiamo bisogno per motivarci momentaneamente.

Questo può essere sufficiente per superare la giornata e rinfrescarsi per i compiti futuri.

Per diventare più consapevole durante la sua giornata, trovi il tempo di praticare esercizi di respirazione profonda per alcuni minuti alla volta. Proprio come farebbe a casa sua, trovi un luogo tranquillo e confortevole dove sedersi e rilassarsi per qualche istante. Se può, abbassi l'illuminazione o chiuda gli occhi e si concentri sull'inspirazione e l'espirazione per alleviare la tensione.

Nella prossima sezione, imparerà diversi modi specifici per scaricare lo stress attraverso tecniche di respirazione che possono calmarla rapidamente. Li provi alla scrivania, durante la pausa pranzo o semplicemente quando ha un momento di tranquillità durante la sua giornata. Questi esercizi non richiedono molto tempo, quindi il tempo che può dedicare loro durante la giornata può aiutarla a rilassarsi.

Esercizi di respirazione consapevole

L'idea di concentrarsi sul respiro può talvolta sembrare un fastidioso esercizio di inutilità. Ci sediamo, inspirando ed espirando, cercando di concentrare la nostra attenzione sul respiro. Quante volte si è sentito distratto e sconfitto da questo esercizio? Dopo tutto, la mente è stata concepita per pensare e vuole avere qualcosa da fare in ogni momento della giornata, mentre siamo coscienti.

Per alleviare lo stress che può aver sperimentato in passato quando si concentra sul respiro, ci sono diversi modi per sperimentare la respirazione consapevole durante la meditazione o altre attività.

Un'idea per la respirazione consapevole comprende il processo di contare silenziosamente da uno a dieci con ogni respiro. Questo può dare alla mente qualcosa su cui concentrarsi e indirizza il cervello verso un'attività semplice, ma centrata su un compito. Una volta raggiunto il numero dieci nella sua mente, può contare all'indietro da dieci a uno, sincronizzando il numero con ogni respiro. Lo faccia per tutto il tempo necessario, in modo da poter collocare la sua concentrazione da qualche parte, eliminando comunque dalla mente i pensieri seri e non necessari.

Secondo *Harvard Business Review*, l'aggiunta di esercizi focali durante la giornata lavorativa può migliorare la produttività e l'attenzione quando è il momento di pianificare, organizzare o creare, portando a una migliore concentrazione per i dipendenti. Inoltre, le due abilità che definiscono la mindfulness sono la "concentrazione" e la "consapevolezza", poiché queste aree si allontanano dalle interruzioni della mente (Hougaard & Carter, 2016).

Se praticati sia a casa che in ufficio, gli esercizi di consapevolezza, come la respirazione cosciente, portano una liberazione alla nostra giornata, in modo che il resto possa essere utile ed efficace.

Respirazione di ancoraggio

Un tipo di respirazione consapevole da provare sia sul posto di lavoro che fuori è la tecnica della respirazione di ancoraggio. Questo tipo di respirazione consente a una persona di concentrare completamente i propri pensieri sul respiro, o di "ancorare" i pensieri in modo che la mente sia assorbita da uno scenario che porta a un risultato tranquillo (Celestine, 2020). Può immaginare di rilassarsi su un asciugamano morbido in spiaggia in una calda giornata estiva. Sente il terreno sotto di lei e si sente connesso alla Terra. Oppure può semplicemente notare la sensazione del respiro. Può sdraiarsi, chiudere gli occhi e appoggiare le mani sullo stomaco; inspirare ed espirare lentamente e sentire lo stomaco che si alza e si abbassa mentre respira. Questo è il suo punto di ancoraggio. Si concentri su questo movimento e inspiri ed espiri per qualche istante per sentire il rilassamento.

Respirazione a scatola chiusa

Un metodo noto come box breathing (respirazione a scatola) le permette di rilassarsi inspirando, trattenendo un respiro ed espirando per un certo numero di secondi. Questa tecnica di respirazione può portare rapidamente e facilmente un senso di pace e comfort alla mente. L'esercizio può essere eseguito in molti luoghi, come ad esempio mentre è seduto su una sedia da ufficio o su una panchina del parco.

In genere, la respirazione a scatola invita i partecipanti a inspirare per quattro conteggi, trattenere per quattro conteggi, espirare per quattro conteggi e trattenere per altri quattro conteggi prima di ripetere questa sequenza. Questa respirazione calmante

Il respiro le dà la possibilità di concentrarsi sui conteggi all'interno del respiro, invece di farsi distrarre dall'ambiente circostante, mentre lavora per calmare la mente.

La respirazione 4-3-7 e il sospiro ciclico

Una delle tecniche di respirazione più tranquillizzanti è la respirazione che si concentra su espirazioni più lunghe.

Una di queste è la tecnica di respirazione 4-3-7. Ciò significa che inspira per quattro secondi, si trattiene per tre secondi e si espira per sette secondi. Esistono altre varianti per il numero di secondi in cui una persona può respirare, trattenere ed espirare, ma trovo che il metodo 4-3-7 funzioni bene per lasciar andare la tensione e rilasciare completamente un respiro profondo. Mentre esegue questo esercizio, immagini il suo stomaco come un palloncino che sta cercando di sgonfiare il più possibile mentre espira l'aria nei polmoni. Ripeta questa tecnica di respirazione per alcuni minuti al lavoro o a casa, per calmare la mente o prima di passare a una nuova attività.

Un altro è il metodo del sospiro ciclico, chiamato anche sospiro fisiologico. Con il sospiro ciclico, prima faccia un'inspirazione completa, poi faccia un'altra inspirazione; può essere utile sentire i lati delle sue costole espandersi ulteriormente con questa inspirazione extra. Poi, faccia un'espirazione lenta e lunga, prolungata. Il metodo dei sospiri ciclici è stato recentemente dimostrato che migliora efficacemente l'umore e riduce lo stress (Balban et al, 2023).

Ho trovato questi due metodi di respirazione, che si concentrano su espirazioni lente e prolungate, efficaci e facili da condividere nella mia pratica clinica.

Idee Mindful per la produttività

Sebbene qualsiasi lavoro possa avere i suoi alti e bassi, è necessario affidarsi a strumenti che la aiutino a sentirsi più rilassato e produttivo ogni giorno. Le prove suggeriscono che la pratica della mindfulness può aiutare le persone a sul posto di lavoro e portano a risultati come comportamenti sociali positivi, autenticità, creatività e leadership (Rupprecht et al., 2019). Quando investiamo e ci affidiamo a pratiche mindful per guidarci durante la nostra giornata, apriamo la mente a più opportunità.

Le seguenti idee possono offrire dei modi per concedersi delle pratiche mindful prima, durante o dopo il lavoro, quindi non abbia paura di provare qualcosa di nuovo.

- Mantenga una mentalità aperta con gli altri al lavoro. Eviti di giudicare il loro lavoro o la loro situazione.

- Esplori nuove idee sul lavoro con i colleghi, facendo domande, organizzando un incontro a piedi o cercando un mentore da qualcuno che ammira nella sua professione.

- Crei uno spazio tranquillo e calmo per sé, indipendentemente dal luogo in cui lavora (casa o ufficio, all'aperto o al chiuso).

- Stabilisca un orario per terminare il suo lavoro ogni giorno. Si impegni a "chiudere la sua giornata lavorativa" e a continuare il giorno successivo.

- Si ricordi di fare una pausa regolare dallo schermo, ogni 30-45 minuti, e di muovere il suo corpo. Faccia una passeggiata, faccia un po' di stretching, beva una bevanda calda: questo aiuterà a resettare la sua mente, pronta a tornare al suo compito.

- Crei un elenco di priorità all'inizio di ogni settimana e pianifichi ciò che deve essere fatto quando - tutto ciò che non è urgente può essere inserito in un elenco separato per lavorarci su se ha tempo dopo i compiti urgenti.

- Aggiunga una pratica di gratitudine alla sua giornata lavorativa. Consideri tre cose per cui è grato del suo lavoro, della sua azienda, del suo settore o dei suoi colleghi.

- Incoraggi lei e gli altri a partecipare ad attività di cura di sé sia dentro che fuori dal lavoro. Questo aiuta a promuovere una cultura che valorizza la cura di sé.

- Prepari pranzi e spuntini sani per il lavoro, che non la faranno sentire fiacca durante la giornata.

- Stabilisca un'intenzione all'inizio di ogni giornata lavorativa. Cosa spera di realizzare?

- Faccia una rapida pausa di meditazione al lavoro (trovi uno spazio tranquillo e utilizzi delle cuffie per bloccare il rumore, se necessario).

- Si renda conto che alcune giornate lavorative saranno migliori di altre. Ci saranno sfide e fallimenti.

- Utilizzi una sedia comoda per lavorare (se è seduto per il suo lavoro).

- Limiti il multitasking quando possibile.

- Impostate delle sveglie telefoniche per fare delle "pause di meditazione" (anche solo per pochi minuti alla volta).

- Cerchi un aiuto professionale quando è necessario. Parli con il suo manager se le cose stanno diventando eccessive e parli con un consulente dei problemi di stress legati al lavoro.

- Ascolti attivamente gli altri al lavoro. Chieda agli altri di fare lo stesso con lei.

- Cercare opportunità di crescita (continuare a imparare anche se ha svolto lo stesso lavoro per molto tempo).

- Mostri rispetto per gli altri. Scoprirà che anche gli altri la rispetteranno.

- Non aspetti a dire ai colleghi di un lavoro ben fatto. Ringrazi le persone per il loro lavoro, anche se si tratta di piccoli lavori, e presto noterà che le persone faranno lo stesso con lei.

- Se lavora da casa, crei un compito di 'transizione' per indicare alla sua mente e al suo corpo che la giornata lavorativa è terminata. Questo potrebbe fare una passeggiata, preparare un tè, mettere la musica preferita: tutto ciò che favorisce lo spegnimento.

- Quando socializza, le conversazioni sul lavoro al di fuori del lavoro, sia con i colleghi di lavoro che con altri amici e familiari, fissi un limite di tempo per tutti o per gli altri per parlare di lavoro, in modo che non prevalga su tutte le altre cose belle da condividere e di cui parlare. Stabilisca un limite di tempo per parlare di lavoro per tutti o per gli altri, in modo che non prevalga su tutte le altre cose belle da condividere e di cui parlare.

- Crei incentivi e premi per lei per i compiti completati.

- Riconoscere e trarre conforto dalla routine della sua giornata (bere il caffè, partecipare a una riunione mattutina, pranzare regolarmente).

- Non abbia paura di cambiare lavoro (o carriera) se qualcosa non funziona. Chieda consiglio su come passare ad altro.

NB: Le idee di autocura di cui sopra aiutano a sistemare il cervello e il corpo per le pratiche regolari di meditazione mindfulness. Vedere l'Appendice per le audioguide gratuite sulle meditazioni di consapevolezza. Utilizzi queste audioguide insieme alle pratiche di autocura di cui sopra, mentre intraprende il suo "Anno della Mindfulness".

Punti chiave

Si ricordi che il lavoro, in qualsiasi forma, non è sempre facile, ma con l'aggiunta di strategie per la salute del cervello, può portare con sé questi strumenti sia all'interno che all'esterno della sua giornata lavorativa, per provare un senso di controllo e di rilassamento.

- Valuti ciò che si qualifica come "lavoro" durante la sua giornata. Quali lavori ha intrapreso nella sua vita?

- Riconosca quali sono i fattori di stress che sperimenta ogni giorno sul lavoro. Ne faccia un elenco. Decida che si tratta di stress fisico, emotivo o organizzativo.

- Si sforzi di capire che cosa la fa sentire sfidato, positivo, negativo, solo, potente, o qualsiasi altra emozione durante il suo giornata lavorativa. Grazie alla comprensione dei suoi sentimenti al lavoro, può aggiungere pratiche mindful nei momenti di stress.

- Con esercizi di respirazione consapevole come l'ancoraggio, la scatola, il 4-3-7 e il sospiro ciclico, può impiegare tecniche rapide e calmanti, pratiche per alleviare la tensione durante la giornata lavorativa.

Come sa, lo stress può provocare un effetto a catena in altre aree della vita. Le emozioni difficili non sorgono solo sul posto di lavoro, ma anche in casa, con un impatto dannoso sul nostro corpo. Quando si verifica lo stress, una delle aree più vulnerabili diventa il nostro sistema digestivo. Nel prossimo capitolo, esamineremo il ruolo importante di una corretta digestione nella nostra vita.

Capitolo 9:

La digestione e lei - Un approccio consapevole alla gestione del peso

Eccola di nuovo di fronte alla decisione di cosa mangiare. Potrebbe scegliere qualcosa di sano, ma sta morendo di fame e sente che la verdura e la frutta non la soddisferanno. Potrebbe fermarsi nella sua pizzeria preferita mentre torna a casa dal lavoro, ma è la scelta migliore oggi? Si sentirà bene a mangiare ogni fetta entro 10 minuti, mentre guarda la TV?

Perché sembra sempre che abbiamo solo pochi momenti per consumare un pasto dall'inizio alla fine? Siamo così impegnati durante la giornata che non riusciamo a ritagliarci del tempo per sederci e mangiare? Se sta gridando: "Sì! In effetti, sono così impegnato!". Sono d'accordo con lei.

Sebbene un approccio consapevole all'alimentazione sembri impossibile, è qualcosa per cui tutti possiamo trovare il tempo, basta sapere come. L'annosa questione di cosa mangiare spesso stressa le persone e le famiglie, portandole a scegliere pasti veloci e malsani che causano problemi di peso, malattie e problemi gastrointestinali. Quello che spesso ignoriamo, però, è il rapporto significativo tra la digestione e le nostre emozioni.

È arrivato il momento di prendere il controllo dei cibi che mangia, facendo scelte più consapevoli. È già sulla buona strada per imparare a farlo, riconoscendo le altre aree della sua vita che potrebbero richiedere una maggiore consapevolezza. In questo capitolo, scoprirà dei metodi non faticosi per aumentare la sua consapevolezza alimentare, in modo da poter mangiare in modo consapevole e prendersi cura del suo corpo e della sua mente.

Mangiare in modo consapevole

Iniziamo questa conversazione sintetizzando l'idea di base della mindfulness presentata finora in questo libro. Se ha notato una cosa sulla pratica, potrebbe essere questa: non è un processo che deve essere affrettato. Si prenda davvero un momento per riflettere su questo. Il modo più veloce è sempre il migliore? Tendiamo a pensarlo in questa società del "mangia o mangia", del "raggiungi la vetta", ma quando si arriva al dunque, la lentezza e la costanza pagano, soprattutto con le pratiche mindful.

Poiché la mindfulness richiede che una persona si concentri sulla propria consapevolezza e sulla situazione presente, la pratica di mangiare in modo consapevole è strettamente correlata a questa intenzione. Fare scelte ponderate su cosa mangiare e sedersi per assorbire lentamente il processo del mangiare crea un'esperienza più consapevole nel complesso. "L'alimentazione consapevole incoraggia a fare scelte che saranno soddisfacenti e nutrienti per il corpo. Tuttavia, scoraggia il 'giudicare' i propri comportamenti alimentari, poiché esistono diversi tipi di esperienze alimentari" (Harvard School of Public Health, 2020).

Tenendo presente questo, pensi a quante volte nella sua vita ha pensato: "Mi odio per aver mangiato questo". L'idea di mangiare in modo consapevole non è un lasciapassare per mangiare tutto quello che vuole, ma la sfida a fermarsi e a porsi più domande prima di consumare il cibo. Per iniziare a metterla in pratica la prossima volta che ha fame, si fermi un attimo e si chieda:

- Ho fame o mi annoio?

- Potrei trovare un'attività che mi distolga dal mangiare o ho davvero bisogno di cibo in questo momento?

- Quale cibo mi farà sentire sano e pieno di energia tra tre ore?

Creando questa consapevolezza dei suoi sentimenti riguardo alla situazione, elimina il processo rapido e insensato di ingozzare rapidamente il nostro corpo solo perché possiamo o perché sentiamo di non avere altra scelta.

"L'alimentazione consapevole deriva dalla filosofia più ampia della mindfulness, una pratica diffusa e secolare utilizzata in molte religioni. La mindfulness è un'attenzione intenzionale ai propri pensieri, emozioni e sensazioni fisiche nel momento presente" (Harvard School of Public Health, 2020). Mantenendo il momento presente in primo piano, si arma automaticamente di un'incredibile capacità quando è il momento di preparare e consumare un pasto o uno spuntino. Dopo aver creato una consapevolezza di quanto si sente affamato, decida quali sono gli alimenti giusti per lei in quel momento. Sebbene questo possa significare che un cheeseburger o un gelato siano adatti a lei con moderazione, la scelta di un'opzione più sana può soddisfarla altrettanto e permetterle di affrontare la giornata più a lungo.

Il punto è iniziare lentamente e consapevolmente a pensare agli alimenti in modo diverso. Consideri ogni aspetto del consumo di un pasto, dall'inizio alla fine. Pensare alla provenienza degli alimenti, a quanto le piacciono o non le piacciono gli alimenti che ha scelto e a come si sentirà il suo corpo dopo aver mangiato. Quando ci prendiamo del tempo per considerare questo aspetto, rallentiamo il processo a cui ci siamo abituati e abbiamo la possibilità di goderci gli alimenti che mangiamo.

Ora, so cosa sta pensando. Potrebbe chiedersi come sia possibile "rallentare" qualcosa quando, nella maggior parte dei giorni, sta lavorando per mantenere se stesso e possibilmente gli altri in carreggiata. Come per qualsiasi obiettivo a lungo termine, anche in questo caso deve iniziare in piccolo. Non è necessario sradicare la sua intera esistenza e cambiare tutto ciò che ha sempre mangiato, ma può iniziare il processo incanalando la consapevolezza delle sue abitudini alimentari. Osservare più da vicino il semplice atto di quando e come mangia può dirle molto sulle sue abitudini.

Uno dei passi principali per aumentare la consapevolezza delle abitudini alimentari consapevoli consiste nel prestare maggiore attenzione ai cibi che mangiamo. Quando fa la spesa o sceglie i pasti al ristorante, è importante sedersi un attimo di fronte alle opzioni e riflettere. Considerare ciò che la soddisferà maggiormente e migliorerà la sua esperienza alimentare. Anche in questo caso, alcuni giorni può significare indulgere in cibi che potrebbero non essere così salutari come altri, ma cerchi di farlo con attenzione e di usare i suoi sensi per sperimentare il cibo. Rallenti il suo processo alimentare prendendo tempo per guardare e annusare il cibo. Aspetti diversi minuti prima di assaggiarlo. Apprezzi il modo in cui il cibo è stato preparato per lei o il modo in cui lei ha preparato il pasto che sta per gustare.

di assaporare il cibo. L'uso dei sensi fisici ed emotivi per gustare il cibo le permette di avere un'esperienza alimentare molto più consapevole, in modo da poter rimanere nel momento in cui mangia, anziché reagire allo stato di fame (Harvard School of Public Health, 2020).

Gestione del peso

Quando impara a mangiare in modo consapevole, consideri di informarsi sulle opzioni alimentari sane che possono permettere al suo corpo di sentirsi al meglio. Credo fermamente nell'idea che l'alimentazione consapevole possa portare a scelte alimentari più sane, quindi, anche se le idee di questa sezione non hanno necessariamente come obiettivo la perdita di peso, forniranno una guida che potrebbe portare a una perdita di peso grazie al consumo lento e consapevole di alimenti più sani.

Le idee qui riportate hanno lo scopo di incoraggiare la gestione del peso attraverso la creazione di abitudini e routine sane. "Gli studi di intervento hanno dimostrato che gli approcci di mindfulness possono essere uno strumento efficace nel trattamento di comportamenti sfavorevoli come l'alimentazione emotiva e le abbuffate, che possono portare all'aumento di peso e all'obesità" (Harvard School of Public Health, 2020). Iniziando a instillare abitudini alimentari sane oggi, spiana la strada a un processo di crescita consapevole per se stesso. Decidere cosa mangiare tenendo conto di ciò che si *dovrebbe* mangiare non è facile, ma creare consapevolmente le opportunità per il suo cervello di prendere decisioni mirate sul cibo aiuta a rafforzare un approccio migliore verso l'alimentazione.

Quando fa delle scelte alimentari consapevoli, si ricordi di:

- Programmare delle routine per mangiare.

- Eviti di fare spuntini eccessivi, ma mangi quando ha fame.

- Conservi gli alimenti sani in casa e al lavoro.

Avere una routine quando si tratta di mangiare può far sì che la sua mente non vada nel panico pensando a quando arriverà il prossimo pasto.

Quando esce di casa, prenda in considerazione l'idea di portare con sé uno spuntino sano, in modo da non rimanere senza qualcosa da mangiare.

Per alcuni, saltare i pasti può portare a una fame eccessiva e a una sovralimentazione, che può ostacolare gli sforzi per un'alimentazione più consapevole. Tuttavia, è anche importante decidere di mangiare perché si ha fame e non forzarsi a fare uno spuntino solo perché si sente obbligato. Consideri di pianificare in anticipo alcuni spuntini o pasti facili e salutari, da consumare quando ha fame.

Infine, tenere una scorta di alimenti sani nella dispensa e nel frigorifero può eliminare alcune decisioni difficili da prendere quando ha fame. Provi a prepararsi un pranzo al sacco prima di uscire di casa per andare al lavoro e includa alimenti che soddisfino il suo appetito, in modo da rimanere sazi più a lungo. Preparare frutta fresca, verdura, una proteina sana come fagioli, burro di arachidi o hummus, e un cereale come cracker integrali o pasta, può aiutarla a mantenere l'energia durante la giornata (Harvard T.H. Chan School of Public Health, 2019).

Preparare i pasti per la settimana in anticipo, ad esempio nei fine settimana, può anche aggiungere un elemento di consapevolezza alla sua alimentazione. Se acquista gli ingredienti e crea dei pranzi al sacco sani per la settimana successiva, è probabile che dedichi più tempo a riflettere su quali alimenti inserire nel suo corpo, piuttosto che a mangiare velocemente al fast food perché ha poco tempo durante il giorno. Se ha una famiglia, prenda in considerazione l'idea di rendere la preparazione dei pasti un'attività a cui potete partecipare tutti nel fine settimana, per aiutarvi a riflettere su ciò che desiderate mangiare durante la settimana.

Idee mindful per un'alimentazione sana

La pratica della mindfulness durante l'alimentazione deriva dalla consapevolezza dell'esperienza del mangiare, considerando ciò che è meglio per il nostro corpo. Cominci ad ascoltare quando si sente sazio, malato o affamato, in modo da poter fare scelte appropriate quando si tratta di mangiare e vivere meglio. "Combinare strategie comportamentali come la formazione alla consapevolezza con la conoscenza della nutrizione può portare a scelte alimentari salutari, che riducono il rischio di malattie.

rischio di malattie croniche, promuovere esperienze di pasto più piacevoli e sostenere un'immagine corporea sana" (Harvard School of Public Health, 2020). Comprendendo le sue attuali abitudini alimentari, può prendere decisioni più informate su come desidera preparare e consumare i pasti ogni giorno.

Le seguenti idee mentali per un'alimentazione sana possono aiutare a riflettere sugli alimenti e a formare nuove abitudini.

- Rallenti mentre mangia o beve.

- Crei un "programma alimentare" e si attenga a questi orari.

- Morda e mastichi lentamente e accuratamente.

- Consideri la fonte dei suoi alimenti. Da dove provengono i prodotti? Sono naturali? Il processo di produzione aiuta o danneggia il pianeta?

- Faccia una ricerca sui ristoranti che frequenta e sugli alimenti che acquista.

- Consideri sempre come si sentirà il suo corpo dopo aver consumato gli alimenti che sta scegliendo.

- Eviti di mangiare in viaggio o in macchina, quando possibile. Renda il mangiare un evento e si sieda a tavola per godersi il pasto.

- Mangi le verdure prima del resto del pasto.

- Consumare almeno una verdura verde al giorno.

- Si fermi a pensare per un momento quando ha fame e consideri quali sono gli alimenti che la soddisfano di più.

- Inspiri ed espiri dopo ogni boccone.

- Preparare più pasti a casa.

- Parli con gli altri dei consigli che usano per preparare pasti sani.

- Se possibile, eviti di sentirsi troppo affamato o troppo pieno.

- Prepari e porti con sé spuntini sani quando viaggia (frutta secca, noci, verdure).

- Beva molta acqua ogni giorno per rimanere idratato.

- Valuti se sta mangiando per noia, ad esempio chiedendosi: "Ho fame?".

- Eviti di guardare la televisione o un film mentre mangia.

- Metta via il telefono durante i pasti.

- Mangi con la famiglia e gli amici. Assapori l'esperienza.

- Se si eccede, non è la fine del mondo. Cerchi di non sentirsi in colpa e di riprovare.

- Utilizzi i suoi sensi per sperimentare l'aspetto, l'odore, il suono, la sensazione e il gusto di ogni cibo che assaggia.

- Cucini e provi nuovi cibi che non ha mai mangiato prima (i nostri palati hanno bisogno di varietà).

- Apprezzi i cibi che può mangiare (pratica della gratitudine).

- Inserisca in un diario alimentare i cibi preferiti che ha mangiato nell'arco di un giorno, di una settimana o di un mese. Scriva come l'hanno fatta sentire.

- Metta giù gli utensili tra un boccone e l'altro. Si prenda il tempo necessario per consumare il pasto.

- Valutare quali alimenti la fanno sentire al meglio e quali la fanno sentire malata o stanca.

- Si renda conto che la sua esperienza alimentare è unica. Trovi gli alimenti che la soddisfano in modo sano.

NB: *Le idee di autocura di cui sopra aiutano a sistemare il cervello e il corpo per le pratiche regolari di meditazione mindfulness. Vedere l'Appendice per le audioguide gratuite sulle meditazioni di consapevolezza. Utilizzi queste audioguide insieme alle pratiche di autocura di cui sopra, mentre intraprende il suo "Anno della Mindfulness".*

Punti chiave

Ricordarsi di concentrarsi su un compito alla volta può essere difficile per molti, ma questo è un passo fondamentale nell'alimentazione consapevole. Quando riesce a rallentare, a pensare e a prendere decisioni più chiare sul cibo, è in grado di sintonizzarsi su ciò di cui ha veramente bisogno e può eliminare le distrazioni dannose.

- Prenda decisioni alimentari consapevoli, rallentando il processo di preparazione e consumo dei pasti. Assorbire l'esperienza complessiva del mangiare.

- Quando decide quando e cosa mangiare, si chieda se ha fame o se è annoiato, se un'altra attività potrebbe distrarla dal mangiare e se gli alimenti che sceglie reintegreranno i nutrienti e daranno energia al suo corpo.

- Prenda in considerazione la possibilità di preparare spuntini e pasti sani quando esce di casa. Programmi gli orari per mangiare durante la giornata, in modo da non lasciarsi prendere dalla fame eccessiva.

Poiché le decisioni sull'alimentazione dovranno adattarsi al suo stile di vita, si ricordi di stabilire un programma che sia pratico per lei. Nelle giornate frenetiche o quando è stressato, provi a fare qualche respiro profondo e a pensare a ciò che la farà sentire meglio in quel momento. Inizi ad ascoltare questa voce interiore per guidarla anche in altre aree della mindfulness.

Il prossimo capitolo la aiuterà a concentrarsi su un aspetto della vita con cui molti lottano quando sono stressati. Il processo del sonno presenta delle sfide, ma imparare ad allenare il cervello con pratiche consapevoli per preparare una sana routine del sonno ci mette sulla strada giusta verso il recupero.

Capitolo 10:

Dormire con pace e scopo

Quando era più giovane, riusciva ad addormentarsi abbastanza facilmente? Faceva un pisolino durante i lunghi viaggi in auto sul sedile posteriore o si addormentava tra le braccia dei genitori al ristorante? La capacità di addormentarsi facilmente cambia drasticamente con l'avanzare dell'età. Sebbene ci rendiamo conto che il sonno è importante, tendiamo anche a sperimentare nuove forme di sonno una volta diventati adolescenti. Le abitudini di sonno che costruiamo durante questi anni non ci fanno molto bene quando invecchiamo e spesso possono aprire la strada a routine di sonno scadenti fino ai nostri vent'anni e oltre.

Stabilire delle routine per andare a letto da bambini aiuta le persone a estendere questa pratica per tutta la vita, consentendo lo sviluppo di modelli corretti per addormentarsi, rimanere addormentati e rimanere vigili durante la giornata fin dalla prima infanzia (Pacheco & Callender, 2021). Da adolescenti e adulti, però, dimentichiamo questo aspetto e potremmo considerare l'atto di stare svegli più tardi come eccitante. Dopo tutto, ci sembra di poter essere più produttivi perché completiamo più attività se limitiamo il nostro sonno, giusto? A un certo punto, però, la privazione del sonno ci raggiunge e dobbiamo migliorare i modelli di sonno per rimanere in salute.

Le sane abitudini del sonno possono avere un impatto sulla memoria di lavoro, sulle capacità cognitive, sull'umore e sull'attenzione in generale. Non è sorprendente sentire che la capacità di regolare i livelli di stress è legata ad abitudini di sonno positive, ma potremmo non capire come cambiarle se abbiamo praticato abitudini di sonno scadenti per tanto tempo. L'introduzione della mindfulness può modificare il modo in cui vediamo questo processo e aiutarci a godere di notti di sonno migliori.

Perché dormire?

Sappiamo che abbiamo bisogno di dormire, ma perché è così importante che il nostro corpo e il nostro cervello dormano regolarmente e in modo programmato per tutta la vita? Beh, il nostro corpo e la nostra mente sono molto più intelligenti di quanto pensiamo. Per esempio, si è mai affidato alla memoria muscolare per un allenamento o una routine di danza? Si sorprenderà di quanto il suo corpo e il suo cervello siano collegati e di come la pratica nel tempo migliori le nostre capacità in quasi tutto. Immaginavo che questo fosse il caso quando ho iniziato il mio viaggio per trovare un sonno migliore, ma non mi aspettavo di scoprire che tranquillizzare la mia mente e il mio corpo mentre dormivo avrebbe migliorato anche la mia capacità di imparare e ricordare.

Consentire al nostro corpo di dormire in modo costante offre altri benefici anche per la nostra mente. Matthew Walker, che ha svolto un lavoro straordinario nel sostenere il sonno presso il pubblico e ha scritto un libro eloquente, "Perché dormiamo" (2018), ha condiviso questa frase nel 2006:

> Questo effetto 'offline' può ripristinare i ricordi persi in precedenza o produrre un apprendimento aggiuntivo, in entrambi i casi senza la necessità di esercitarsi ulteriormente. In altre parole, la fase di potenziamento del consolidamento della memoria è un processo attivo, non di semplice mantenimento; il cervello continua ad apprendere anche se ha smesso di esercitarsi.

In precedenza, parlando delle funzioni cognitive del cervello, abbiamo detto che, quando è incosciente, il cervello non ha tante opportunità di afferrare nuove informazioni. Questa idea è ancora valida, ma il cervello che dorme rivela molto che possiamo imparare sul modo in cui ci comportiamo e funzioniamo ogni giorno. La mancanza di sonno regolare aumenta il rischio di malattie e disturbi come le patologie cardiache e la demenza e, inoltre, influisce sull'umore in generale, afferma la dottoressa Marisha Brown, esperta del sonno del National Institute of Health (Wein, 2021).

Mentre i sonnellini ristoratori possono aiutare a gestire il sonno per brevi periodi, i danni derivanti da una costante mancanza di sonno portano a problemi nel tempo. Poiché il nostro sonno agisce sugli ormoni, sul metabolismo e sul s i s t e m a immunitario del nostro sistema, si suggerisce che l'adulto medio ha bisogno di almeno sette ore di sonno nell'arco di ventiquattro ore (Semeco, 2017). Quando non dormiamo così tanto, le nostre funzioni cognitive vengono sconvolte e può essere difficile riprendersi. Consideri l'ultima volta che non ha dormito bene e come si è sentito il giorno dopo. Il suo benessere mentale durante la giornata potrebbe essere stato più negativo del solito e potrebbe anche aver commesso più errori.

Come sa, la sua memoria la aiuta a funzionare al lavoro, nelle situazioni sociali e in modo indipendente quando è da solo. Quando la memoria è influenzata da un sonno limitato, il processo attivo di richiamo delle informazioni non riesce a creare altrettante connessioni importanti all'interno del cervello. Per esempio, quando a vent'anni non dormiamo per lunghi periodi in modo costante, potremmo diventare più smemorati nelle attività semplici durante la giornata. Possiamo dimenticare di buttare la spazzatura o di richiamare un amico al telefono - cose che sembrano piccole sviste, ma dimenticare molti di questi piccoli compiti si accumula rapidamente. Questo può farci sentire un po' fuori controllo durante la giornata, ma potremmo non fare il collegamento tra la mancanza di sonno e le nostre dimenticanze.

Con l'età, il nostro orologio interno cambia e tendiamo a dormire meno ore a causa del ritmo circadiano del nostro corpo (Walker 2018). Questo può essere stressante, ma ci sono modi per ottenere un buon sonno che non devono sembrare opprimenti. Con le pratiche di consapevolezza e di calma, è possibile riqualificare il corpo in modo che una routine di sonno positiva possa avere la priorità.

La pratica di creare la calma

Anche se probabilmente si rende conto dell'importanza del sonno, potrebbe ancora lottare per trovare opportunità di dormire regolarmente, poiché questa è una delle aree della vita che tende a fluttuare. È impegnato durante la giornata e ha bisogno di trascorrere del tempo extra la sera per recuperare le faccende domestiche o il lavoro. Rimane sveglio più tardi nei fine settimana, perché potrebbe essere l'unica occasione per farlo. Può anche fare in modo di andare a letto prima alcune sere, per poi rimanere a letto per ore con la frustrazione di non riuscire ad addormentarsi.

È ora di porre fine alle notti insonni creando un'abitudine alla calma prima, durante e dopo il sonno. È importante ricordare di parlare con un medico se ritiene di aver provato tutti i metodi per addormentarsi rapidamente e profondamente, perché potrebbero esserci altri problemi da affrontare, ma per la maggior parte delle persone, incorporare alcune pratiche essenziali per il sonno migliorerà il riposo. Per saperne di più, acceda ai contenuti bonus nell'appendice.

Incorporare attività fisiche e mentali

Ogni giorno è importante stimolare la mente e il corpo. L'esercizio fisico non è solo per il nostro corpo, ma crea anche la possibilità per la nostra mente di partecipare a un'attività rigorosa che ci aiuterà a dormire la notte. L'attività fisica che sceglie non deve essere necessariamente faticosa, purché la metta alla prova in modi nuovi e interessanti. Ad esempio, il semplice stretching prima di andare a letto può favorire un sonno migliore. Camminare, fare jogging, sollevare pesi o andare in bicicletta possono offrire l'opportunità di bruciare l'energia che il nostro corpo sta immagazzinando, in modo da diventare più stanchi durante la notte. Inoltre, cerchi di non fare esercizio fisico a tarda notte, perché questo influisce sul ciclo del sonno e sul ritmo circadiano del corpo. È meglio fare esercizio al mattino per stimolare la mente e il corpo per il resto della giornata. Non deve forzarsi a partecipare a qualcosa che non le piace, ma provi a creare un piano di allenamento settimanale con le attività che completerà, in modo da espellere l'energia fisica.

Oltre alla pratica fisica di liberare energia, la nostra mente ha spesso bisogno di essere sfidata mentalmente per sentirsi stanca la sera. Bruciare energia mentale giocando a un gioco che richiede strategia, socializzando con gli altri, leggendo nuove informazioni o producendo un'opera artistica permette alla mente di sentirsi come se avesse fatto un allenamento cerebrale. Ora, supponiamo che lei sia già impegnato e sfidato da compiti durante il giorno - potrebbe già sentirsi esausto alla fine di ogni giornata. In questi casi, non è necessario aggiungere altro. Altrimenti, consideri l'aggiunta di attività stimolanti per il cervello durante la giornata, che facciano lavorare la sua mente in modo che possa riposare quando necessario.

Trovare conforto

Proprio come i bambini, gli adulti hanno bisogno di atmosfere e oggetti accoglienti e confortevoli per favorire il sonno. Se ha trascorso la notte in un luogo che l'ha messa a disagio, sa quanto possa essere difficile dormire. L'obiettivo di trovare il comfort per il sonno è quello di rendere l'ambiente fisico e l'atmosfera estetica il più confortevole possibile, in modo che lei possa riposare la mente e dormire. Faccia del suo letto un luogo di relax, anzi, faccia in modo che anche l'intera camera da letto lo diventi. Alcuni trovano utile lasciare la televisione e i dispositivi elettronici fuori dalla camera da letto, in modo che diventi un rifugio solo per il sonno e l'intimità. Potrebbe prendere in considerazione questo aspetto mentre cerca di modificare mentalmente e fisicamente le sue abitudini di sonno in meglio.

Quando la nostra camera da letto è morbida, sicura e piacevole, la nostra mente inizierà a fare il collegamento con l'area di relax. Dopo un po' di tempo, potrebbe persino ritrovarsi a sbadigliare o a sentirsi più sonnolento quando entra nella sua camera da letto, poiché questo luogo ha uno scopo specifico.

Metta via l'elettronica

Come già detto, i dispositivi elettronici in genere non ci fanno alcun favore quando stiamo allenando la nostra mente al sonno. Imposti un timer sul suo telefono almeno un'ora prima di andare a letto, per ricordarsi di entrare in "modalità sonno" per la notte. Anche se questa idea non è rivoluzionaria, le ricorderà ogni sera di rendere il sonno una priorità, in modo che il suo cervello lo consideri tale. Anche nei fine settimana, metta da parte il telefono o il computer portatile mentre si riposa nell'ora che precede il momento di andare a letto e noti quanto questo possa cambiare la sua capacità di addormentarsi. Anche leggere o scrivere prima di andare a letto può creare un senso di calma, quindi queste possono essere ottime alternative all'uso del telefono.

Limitare il consumo di cibo e bevande

Lo so, lo so. Questo non sembra divertente, vero? Ma limitando la quantità di caffeina, alcol e cibo che consumiamo prima di andare a letto, possiamo creare una notte di sonno più riposante. Se si è affidato all'alcol per aiutare

Se in passato si è addormentato, saprà che questo ha funzionato per un breve periodo, ma molto probabilmente non è rimasto addormentato a lungo o non ha dormito bene.

L'uso di caffeina nel pomeriggio può darle energia per affrontare il resto della giornata lavorativa, ma può influire sulla sua capacità di addormentarsi al momento di andare a letto. Limitare o eliminare la caffeina nel pomeriggio, ci predispone a una notte di sonno migliore. Matthew Walker condivide spesso nelle sue interviste che il quarto di vita della caffeina è di 12 ore, cioè circa 12 ore dopo aver consumato una tazza di caffè, un quarto della quantità di caffeina è ancora nel corpo (Walker 2018).

Infine, anche mangiare o mangiare troppo vicino al momento di andare a letto può compromettere la possibilità di ottenere il riposo completo di cui ha bisogno. I sintomi di indigestione e bruciore di stomaco possono tenere una persona sveglia e sentirsi male mentre cerca di addormentarsi. È meglio finire di mangiare per la notte diverse ore prima di andare a letto, per assicurarsi che i problemi digestivi non la tengano sveglia.

Idee Mindful per migliorare il sonno

Quando considera quali sono i passi mindful più adatti a lei per aiutarla a dormire, si ricordi di provare strategie che la aiutino a rilassarsi e a non sentirsi sovrastimolato prima di andare a letto. Sebbene le idee riportate di seguito forniscano un elenco di opzioni, ascolti il suo corpo e il suo cervello quando le dicono di rallentare e rilassarsi. Una notte di riposo può essere rigenerante e terapeutica, quindi cerchi di creare una routine rilassante che metta le sue esigenze al primo posto quando si tratta di dormire.

- Dorma regolarmente. Vada a letto verso la stessa ora ogni sera e si svegli verso la stessa ora ogni mattina, anche nei giorni in cui non deve uscire di casa presto. Questo la aiuterà a stabilire una routine.

- Rimuova i dispositivi elettronici dalla camera da letto durante la notte.

- Finisca di mangiare circa tre ore prima di andare a letto.

- Eviti l'alcol e cerchi di non mangiare almeno tre ore prima di andare a dormire. Entrambi possono causare un sonno incoerente e disturbato.

- Eviti la caffeina, compreso il cioccolato, a fine giornata. La caffeina e lo zucchero sono entrambi stimolanti della mente e quindi, come sopra, possono causare disturbi o difficoltà nel sonno.

- Mediti prima di andare a letto. Vedere l'appendice per una pratica guidata bonus gratuita.

- Faccia un bagno o una doccia prima di andare a letto.

- Ascolti musica soft e lenta di notte.

- Si stiri delicatamente per qualche minuto prima di andare a letto.

- Legga un capitolo di un libro prima di cercare di addormentarsi.

- Scriva un diario sulla sua giornata prima di andare a letto, per calmare il suo sistema e riflettere sugli eventi.

- Imposti il suo telefono in modalità sleep per evitare messaggi, chiamate ed e-mail mentre dorme.

- Utilizzi un'illuminazione soffusa e bassa almeno un'ora prima di andare a letto.

- Tenga gli animali domestici lontani dal letto mentre cerca di dormire.

- Eviti i sonnellini dopo le 14.00.

- Non forzi il sonno. Se la sua mente è ansiosa prima di andare a letto, cammini per qualche minuto o scriva un diario dei suoi pensieri per calmarsi.

- Eviti di guardare l'orologio mentre è a letto.

- Includa l'esercizio fisico nella sua giornata, ma non lo faccia troppo vicino all'ora di andare a letto, perché potrebbe interrompere il processo di rilassamento prima di coricarsi.

- Indossi abiti accoglienti e morbidi prima di andare a letto, per creare un'atmosfera di comfort.

- Accenda una candela profumata (ma non si addormenti con la candela ancora accesa) o utilizzi l'aromaterapia per favorire il sonno.

- Trovi la posizione di sonno giusta per lei. Valuti il sonno quando è in posizione supina, laterale o a pancia in giù. Cosa le permette di rilassarsi di più?

- Prenda abbastanza sole o esposizione alla luce intensa al mattino. Questo può aiutare quando è il momento di passare alle luci basse prima di andare a letto.

- Pratica tecniche di rilassamento come la respirazione profonda o il rilassamento muscolare progressivo prima di andare a letto, per aiutare la sua mente e il suo corpo a raggiungere uno stato di calma.

- Visualizzi i suoi luoghi di vacanza preferiti o luoghi tranquillizzanti mentre cerca di addormentarsi.

- Ricercare e praticare alcune posizioni yoga che favoriscono un sonno migliore.

- Mentre è a letto, provi a stringere tutti i muscoli per un momento, poi li rilassi per assestare il corpo.

- Indossi un pigiama comodo per andare a letto.

- Provi a usare una coperta ponderata per sentirsi protetto e al sicuro durante il sonno.

- Cambi il materasso o la biancheria da letto se ritiene che non siano abbastanza confortevoli per un sonno adeguato.

NB: *Le idee di autocura di cui sopra aiutano a sistemare il cervello e il corpo per le pratiche regolari di meditazione mindfulness. Vedere l'Appendice per le audioguide gratuite sulle meditazioni di consapevolezza. Utilizzi queste audioguide insieme alle pratiche di autocura di cui sopra, mentre intraprende il suo "Anno della Mindfulness".*

Punti chiave

Con l'avanzare dell'età, le abitudini che abbiamo stabilito all'inizio della vita continuano a plasmare la nostra età adulta, a meno che non ci prendiamo del tempo per creare nuovi schemi. Le pratiche del sonno che iniziamo ora possono modificare le abitudini precedenti per assicurarci di dormire meglio, con un impatto positivo sulla memoria e sulla salute.

- Creare ogni giorno una routine per andare a letto dà al nostro corpo e alla nostra mente uno schema da seguire, in modo da poter godere di un sonno adeguato.

- Modelli di sonno incoerenti possono portare a rischi maggiori di malattie e disturbi.

- La mancanza di sonno può influire sulle funzioni cerebrali della memoria, tra cui il ricordo o la conservazione delle informazioni.

- Impegnandosi mentalmente in attività creative, progettando un ambiente confortevole per il sonno, limitando l'elettronica e riducendo la quantità di cibo e bevande consumate prima di andare a letto, il cervello può prepararsi correttamente al sonno.

Dato che ora ha ulteriori idee per le pratiche mindful durante giorno e la notte, è il momento di toccare un punto che attira molti verso una vita di mindfulness. I trattamenti per il dolore sono molto vasti e possono risultare frustranti quando le opzioni non funzionano così rapidamente come vorremmo. Nel capitolo seguente, faremo alcuni collegamenti con le idee mindful di cui è a conoscenza e le metteremo in pratica quando lavorerà per gestire il dolore fisico.

Capitolo 11:

Gestione del dolore e rilassamento per il corpo

Le sfide che affrontiamo quotidianamente possono creare ostacoli mentali, ma possiamo migliorare la nostra capacità di affrontarli praticando tecniche di mindfulness. Ma cosa succede quando il nostro dolore è fisico e più difficile da scacciare? E se ci siamo rivolti a medici, chirurghi e farmaci, ma il dolore è cronico e inarrestabile?

Molti convivono quotidianamente con un dolore fisico che sembra non essere curabile e che causa un notevole stress emotivo. Se attualmente sta vivendo un dolore fisico cronico, comprende il tributo che può avere sulla sua vita. Se non lo prova regolarmente, si prenda un momento per ricordare l'ultima volta che si è stirato un muscolo, e poi immagini che questo dolore la accompagni per anni, persino decenni.

Spesso, il dolore cronico porta anche a risultati psicologici dannosi, come depressione, ansia, mobilità ridotta o isolamento (Reid et al., 2015). Anche se le informazioni contenute in questo capitolo non intendono sostituire la consulenza medica di un medico, le forniranno la speranza potenziale che il sollievo e la gestione del dolore siano possibili attraverso pratiche di guarigione consapevole.

La verità sul dolore

"Nessun dolore, nessun guadagno". "Il dolore è bellezza". Nella nostra cultura, sentiamo spesso associare il dolore a qualcosa di positivo che ci porterà a un risultato soddisfacente. Ma molti di noi sono cresciuti con una comprensione che per essere importanti, forti o apprezzati, dobbiamo rimanere in silenzio nelle nostre lotte. In realtà, una piccolissima percentuale di persone avrà successo vivendo in questo modo.

A qualsiasi età, il dolore che persiste nel tempo rappresenta una sfida, ma il dolore cronico tende ad avere un impatto più significativo su determinate popolazioni rispetto ad altre: gli anziani, le donne, coloro che hanno subito traumi e le persone di basso livello economico (Reid et al., 2015). Sebbene le esperienze con il dolore differiscano da individuo a individuo, chiunque cerchi di gestire il dolore o di trovare sollievo sa come ci si sente ad affrontare sconfitte scoraggianti quasi ogni giorno. Diventa difficile vivere la vita come la vivono gli altri, e i sentimenti conflittuali di gelosia o risentimento nei confronti di coloro che non provano dolore possono iniziare a prendere piede.

Come ha imparato nei capitoli precedenti, il cervello e il corpo hanno una potente connessione. Quando il linguaggio negativo di sé prende piede a causa del dolore, è difficile allontanarsi da queste sensazioni. "La nocicezione è l'elaborazione fisiologica che facilita l'informazione nociva, che a un certo punto del processo diventa l'esperienza cosciente del dolore" (Grant & Zeidan, 2019). Nel tempo, questa negatività immagazzinata è quasi impossibile da rilasciare senza l'aiuto di un'assistenza esterna per allentare la tensione. È qui che la mindfulness può offrire sollievo e supporto.

Con l'incorporazione di pratiche mindful, il cervello può trovare connessioni con esperienze positive, anche quando si prova dolore cronico. I ricercatori stanno scoprendo che il dolore può essere ridotto quando le persone hanno aspettative positive su un'esperienza (Atlas et al., 2022). Per esempio, se si aspetta di provare dolore cadendo a terra, probabilmente crederà di soffrire di più in seguito, rispetto a chi non affronta la caduta con questa idea in mente. Il cervello cambia e si adatta alle circostanze e il concetto che si modificherà in seguito alla positività o alla negatività ha portato i ricercatori a trarre alcune conclusioni interessanti sulla ricettività del cervello alle pratiche mindful.

Mindfulness e disturbi neurologici

Sebbene il cervello ci dica spesso di andare avanti e di continuare a lavorare a tutti i costi, è importante sapere che questa filosofia è controproducente per la maggior parte delle persone, soprattutto per quelle che soffrono di un disturbo neurologico. La capacità di calmare la mente attraverso esercizi di rilassamento che creano consapevolezza aiuta a rafforzare l'attenzione del cervello nel momento presente, il che può consentire al dolore o ai sintomi dei disturbi neurologici di scomparire.

Gli studi sull'impatto della mindfulness sulle persone con disturbi neurologici hanno indicato che le pratiche di mindfulness possono migliorare la qualità di vita di una persona, poiché il cervello può essere rafforzato come un muscolo (Grant & Zeidan, 2019). Quando una persona concentra la mente su pratiche come lo yoga, la meditazione o il tai chi, nutre il cervello e gli permette di concentrarsi su un'abilità, distraendolo dal dolore e dalla negatività. I partecipanti che soffrono di mal di testa, epilessia, disturbi neurodegenerativi, disturbi neurologici funzionali, ictus o disturbi del movimento, e anche i caregiver di coloro che soffrono di disturbi neurologici, hanno trovato sollievo grazie alle tecniche mindful e meditative (Kraemer et al., 2022). Il risultato di questi studi si basa sull'idea che i sintomi associati alle disfunzioni neurologiche possono essere ridotti per migliorare il benessere generale della persona. Sono necessarie ulteriori ricerche per comprendere e accedere alla diffusione della consapevolezza dei benefici delle pratiche mindful, ma questi risultati forniscono una speranza necessaria per chiunque soffra di disturbi neurologici.

Sono anche entusiasta di condividere la mia recente ricerca che utilizza la mindfulness come intervento di trattamento per un disturbo neurologico chiamato sindrome della neve visiva, una condizione dovuta alla disregolazione della rete cerebrale. Il nostro studio ha dimostrato che otto settimane di allenamento intensivo alla mindfulness possono portare a cambiamenti nelle reti cerebrali, come mostrato dalla risonanza magnetica funzionale (fMRI) e al miglioramento della condizione (Wong et al 2024). Questo studio è promettente anche come prova di principio che gli interventi di mindfulness possono portare a miglioramenti delle condizioni neurologiche attraverso il cambiamento delle reti cerebrali.

Speranza per la gestione del dolore

Con il dolore cronico, la vita di una persona viene spesso messa in pausa. Compiti semplici o attività che un tempo piacevano possono non essere più possibili, causando stress mentale e angoscia. Poiché sappiamo che il cervello è un organo potente, tuttavia, possiamo iniziare a capire, attraverso l'accettazione e l'impegno, come possiamo recuperare il controllo che avevamo un tempo.

Uno dei modi migliori per trovare sollievo dal dolore cronico è quello di informarsi sul tipo di dolore che sta provando. Chieda consigli e spiegazioni ai medici professionisti e legga le esperienze di altre persone con sintomi simili. Molto probabilmente, esiste una comunità di persone che hanno a che fare con lo stesso dolore o con un dolore simile, quindi trovi il sostegno di queste persone e si renda conto che non è solo nella sua lotta. Parli con i medici delle opzioni di sollievo dal dolore e resti paziente mentre verifica le possibilità per se stesso.

Se un medico raccomanda la fisioterapia, si ricordi di essere coerente con gli esercizi che le vengono consigliati. Uno dei modi più rapidi per avere una ricaduta durante il recupero o con il dolore cronico è ignorare le pratiche raccomandate dai professionisti. Mentre si concede il tempo di guarire, è fondamentale far lavorare i muscoli vicini ai siti del dolore, in modo che non si atrofizzino nell'attesa che il dolore si attenui. Poiché il processo di recupero può essere lento, si motivi con piccoli obiettivi durante questo periodo e celebri le sue vittorie, anche se sembrano banali.

Scansioni corporee per la gestione del dolore

Nel Capitolo 4, ho parlato della mia ammirazione per Jon Kabat-Zinn e di come ha portato per la prima volta la mindfulness nel contesto medico. Ha sviluppato il programma Mindfulness-based Stress Reduction, che ha aiutato molte persone a superare il dolore cronico (Kabat-Zinn, 2013). Uno dei componenti di questo programma è una pratica di scansione corporea.

Partecipare alle pratiche di scansione del corpo richiede un senso di apertura mentale per le persone che soffrono di dolore. Come forse sa dalle pratiche di yoga e meditazione, concentrarsi sulla respirazione profonda ed esaminare i pensieri del cervello da un punto di vista obiettivo può essere impegnativo. La scansione del corpo chiede a chi soffre di dolore di impegnarsi in una pratica simile, ma di concentrarsi su parti del corpo per alleviare la pressione e il disagio.

La scansione del corpo è una pratica di mindfulness in cui l'individuo fa uno zoom su parti del proprio corpo, portando apertura, curiosità e rilassamento durante l'esplorazione del dolore. La tecnica è solitamente guidata da un'altra persona che chiede di chiudere gli occhi e di concentrarsi sulla respirazione profonda e consapevole. Dopo alcuni minuti di questo, il facilitatore guiderà la persona a focalizzare la propria attenzione su un'area del corpo. Quando la mente vaga, il partecipante viene delicatamente incoraggiato a riportare l'attenzione sul corpo. Dopo alcuni minuti di esplorazione, la persona può riaprire gli occhi e notare come si sente. Un ulteriore vantaggio nel partecipare a questo tipo di scansione del corpo è che, secondo una ricerca neuroscientifica, concentrare la consapevolezza sul corpo e sulla respirazione in modo ripetuto aiuta a creare nuovi percorsi nel cervello, che costruiscono la nostra forza interiore e la nostra resilienza (Sevinc et al 2018).

Terapia di rielaborazione del dolore

Oltre alle scansioni corporee, circa il 98% delle persone che hanno sperimentato la Terapia di rielaborazione del dolore ha provato sollievo dal dolore cronico alla schiena (Ashar et al., 2021). Con questo metodo, i pazienti sono diventati liberi o quasi dal dolore dopo appena quattro settimane di trattamento. La Terapia di rielaborazione del dolore insegna ai partecipanti cosa sperimentano il loro cervello e il loro corpo quando provano dolore, in modo che possano modificare la loro percezione di questo dolore e ridurre la paura che lo circonda. Si pensi a questo metodo come a un tipo di processo di pensiero "mente sulla materia". Quando il paziente impara a conoscere meglio il dolore che prova, questa conoscenza toglie il potere alla paura del dolore e gli restituisce il controllo della sua vita.

Idee Mindful per aiutare a gestire il dolore

Sebbene la gestione del dolore possa sembrare un processo che dura tutta la vita, è necessario ricordare che ogni volta che partecipiamo a un'attività terapeutica e rilassante per il nostro corpo, stiamo anche rilassando la mente. Utilizzi le seguenti idee per trovare sollievo dal dolore che prova, prendendosi cura della sua salute mentale. Una volta trovata un'attività che le piace, ripeterla può aiutare la mente a ritornare in un luogo di comfort sempre più spesso.

- Pratica esercizi di respirazione profonda per rilassare il corpo.

- Provi a fare stretching quotidiano o yoga.

- Completi una meditazione di scansione del corpo. Si concentri sui punti in cui si sente il dolore. Immagini che il dolore si allontani dal corpo. Acceda al mio bonus gratuito di scansione del corpo tramite l'appendice.

- Provi la digitopressione o l'agopuntura con un professionista autorizzato.

- Strofini gli oli essenziali sul collo, sulle tempie, sul petto o sui piedi per rilassarsi (lavanda, rosmarino, menta piperita ed eucalipto sono ottimi per alleviare il dolore).

- Faccia un bagno caldo. Si immerga per circa 15 minuti in acqua tra i 90 e i 100 gradi Fahrenheit (32-37 gradi Celsius).

- Se soffre di mal di testa cronico o emicrania, provi ad applicare impacchi di gel freddo sul viso per trovare sollievo.

- Rafforzare i muscoli che circondano le aree dolenti.

- Si automassaggi le zone dolorose (piedi, gambe, polsi, muscoli della mascella o del collo doloranti).

- Pratica il qigong o il tai chi per alleviare il dolore. Entrambi si concentrano su movimenti lenti del corpo per migliorare la concentrazione e liberare il dolore.

- Parli con un terapeuta del suo dolore. La terapia cognitivo-comportamentale (CBT) può aiutare a trovare sollievo dal dolore cronico, poiché il terapeuta può aiutare a cambiare la prospettiva sul dolore.

- Provi la terapia dei tessuti molli. Parli con un medico di questo metodo per gestire vari tipi di dolore.

- Si dedichi al rilassamento muscolare progressivo, una tecnica che prevede la tensione e il successivo rilassamento di diversi gruppi muscolari in sequenza, che ha dimostrato di alleviare lo stress e promuovere il rilassamento.

- Utilizzi delle lozioni lenitive ipoallergeniche per calmare i muscoli.

- Eviti il sovraccarico sensoriale facendo frequenti pause dai dispositivi elettronici.

- Si prenda del tempo per se stesso. Si guardi intorno e osservi l'ambiente circostante, i suoni dell'ambiente e il modo in cui si sente.

- Si distragga con un nuovo hobby o attività.

- Impari di più sul suo dolore specifico. Molti ospedali offrono corsi o workshop sui vari dolori cronici.

- Parli con i suoi familiari, in modo che siano consapevoli del suo dolore. Comunichi le sue esigenze e dica loro come si sente quando deve affrontare un episodio doloroso.

- Eviti la stanchezza dovuta al dolore cronico. Provi a fare un sonnellino o a riposare prima di sentirsi stanco.

- Beva acqua per rimanere idratato.

- Provi un impacco freddo da conservare nel congelatore. Questa idea è particolarmente utile per alleviare il mal di testa.

- Beva una tisana calmante come la camomilla.

- Prenda aria fresca ogni giorno (esca all'aperto!).

- Creare amicizie con altri malati di dolore cronico o frequentare un gruppo di sostegno per la gestione del dolore.

- Rimanga proattivo nei confronti del dolore. Non aspetti che il dolore sia insopportabile per cercare aiuto.

- Rimanga positivo e speranzoso che il dolore diminuisca o finisca.

NB: Le idee di autocura di cui sopra aiutano a sistemare il cervello e il corpo per le pratiche regolari di meditazione mindfulness. Vedere l'Appendice per le audioguide gratuite sulle meditazioni di consapevolezza. Utilizzi queste audioguide insieme alle pratiche di autocura di cui sopra, mentre intraprende il suo "Anno della Mindfulness".

Punti chiave

Quando una persona riesce finalmente ad affrontare la paura del dolore o a comprendere quali tipi di dolore sta provando, il dolore perde il suo potere sulla persona. Tenendo presente questo, sappia che esiste un supporto per qualsiasi tipo di dolore che una persona può provare, sia fisico che emotivo, quindi cerchi aiuto e trattamento prima che sia troppo tardi.

- Il dolore fisico e il dolore emotivo possono spesso andare di pari passo. La gestione di un trauma fisico, a breve o a lungo termine, è penalizzante per la nostra salute mentale.

- La tensione muscolare, l'ansia e la depressione possono derivare dal dolore fisico, poiché il dolore cronico permane nel corpo e nella mente.

- La Mindfulness dà sollievo a chi soffre di dolore cronico e porta a un miglioramento dello stile di vita attraverso il sostegno e il rilassamento del corpo.

- I medici possono fornire informazioni su quali tecniche di sollievo dal dolore e su quali pratiche di consapevolezza possono essere le migliori per le varie forme di dolore.

- Metodi guidati come la scansione del corpo o la Terapia di rielaborazione del dolore aiutano chi soffre di dolore a riconoscere il proprio dolore e a lavorare per ridurlo o eliminarlo.

- Le pratiche mindful possono dare sollievo alle persone con disturbi neurologici

Poiché l'esperienza del dolore varia per ogni individuo, è importante esaminare ed esplorare ciò che potrebbe essere giusto per lei e per le sue esigenze. Continuando a tenere la cura di sé in primo piano, ricordi che qualsiasi progresso richiede costanza e resistenza, due caratteristiche che sta imparando a padroneggiare.

Capitolo 12:

Mindfulness atletica

Anche se non si considera un atleta, immagini di essere un nuotatore avanzato in piedi sul bordo di una corsia di nuoto, in procinto di tuffarsi per gareggiare contro altri nuotatori. Sente l'odore del cloro e guarda avanti verso la fine della corsia, dove dovrà nuotare velocemente. *Ce la faccio!* Dopo tutto, sa cosa sta facendo. Si è allenata per anni per sentirsi sicura in questo momento. Non c'è nulla che le impedisca di vivere questa esperienza, fino a quando non si guarda intorno.

Tutti gli occhi sono puntati su di lei.

Vede i suoi amici e familiari dietro di lei e, anche se la stanno incitando, non può fare a meno di sentirsi nervoso. *E se faccio una brutta gara? Deluderò tutti? Perché sono tutti qui a guardarmi? Chi sono io? Sicuramente ci sono tonnellate di altri nuotatori là fuori che vorrebbero guardare più di me?* E proprio così, viene assorbita da pensieri negativi, dubitando del suo valore e della sua competenza.

Tutti noi sperimentiamo la temuta sindrome dell'impostore, anche se non siamo atleti olimpici. Sentiamo quella voce nella nostra testa che vuole impedirci di candidarci per quel lavoro di alto livello, di chiedere a qualcuno di uscire con lui o di nuotare con fiducia in piscina. Anche se questa sensazione non è unica, può notare che durante la sua giornata gli altri sembrano avere tutto insieme senza sperimentare i segni di questa battuta d'arresto. Ma deve chiedersi se *davvero* non provano mai paura, o semplicemente hanno degli strumenti per affrontare i sentimenti di incertezza?

Ebbene, immagini se anche lei avesse questi strumenti. Sebbene gli atleti lavorino per superare gli ostacoli allenandosi per essere al meglio sia nel corpo che nella mente, questa tecnica può essere applicata a chiunque stia lavorando per raggiungere dei risultati. Gli atleti di tutto il mondo lavorano duramente dal punto di vista fisico, ma ciò di cui molti atleti non parlano abbastanza è il ruolo che il loro atteggiamento gioca nella loro routine quotidiana. Sia che lei sia un atleta appassionato o che voglia avere la motivazione, in questo capitolo imparerà a ricablare il suo cervello e ad aprirsi per acquisire fiducia e partecipare alle opportunità che un tempo avrebbe potuto evitare.

La mente di un atleta

Ricorda la prima volta che ha provato a cucinare, ballare, piegare il bucato o scrivere su una tastiera? È probabile che non sia stato subito eccellente in questi compiti e che ci sia voluto un po' di tempo per imparare a farlo. Anche se non ricorda il processo necessario per acquisire la conoscenza e la memoria muscolare, il suo cervello fa automaticamente riferimento alla sua precedente esperienza con l'abilità per svolgere le attività ogni volta che le prova. "Grazie alla neuroplasticità, ogni volta che si esegue un'abilità il nostro cervello affina quel percorso motorio... Se un cattivo schema di movimento viene eseguito ripetutamente, la tecnica richiederà più pratica e tempo per essere corretta/affinata" (Dobbs, 2018). Noterà questo fenomeno se si allena per praticare uno sport o per allenarsi in palestra, ma non ha la sensazione di fare progressi nel tempo. Spesso, è qui che entrano in gioco gli allenatori e i trainer, che ci insegnano le tecniche corrette e i consigli privilegiati per migliorare.

Poiché il processo di apprendimento e di pratica di un'abilità è familiare a tutti noi, non solo agli atleti, parliamo di come la motivazione e la consapevolezza contribuiscono all'allenamento del cervello a livello atletico. Sì, essere un atleta richiede un duro lavoro e una dedizione al mestiere, ma rimanere concentrati e desiderosi di continuare a esibirsi è una delle abilità più necessarie da sviluppare. E come fa un atleta a costruire la sua concentrazione e la sua voglia di fare? Ebbene, anche gli atleti più forti spesso adottano la consapevolezza mentale come modo per liberare i pensieri e la tensione prima, durante e dopo una prestazione.

L'errata percezione della Mindfulness atletica

Sebbene la percezione pubblica della resistenza atletica sia ancora quella che gli atleti sono forti in tutti i sensi e non si stressano perché hanno allenato vigorosamente per così tanto tempo, questo non è vero. Capire che un atleta è stato anche un bambino piccolo che ha sperimentato vulnerabilità proprio come il resto di noi, navigando in un mondo che spesso sembra ingombrante e spaventoso. Come altri, gli atleti sperimentano una mente errante, lo stress e la sconfitta, soprattutto se praticano il loro mestiere per un periodo di tempo significativo. Mettono in dubbio la propria forza e la propria resistenza, e hanno giornate fantastiche e giornate difficili.

Quindi, qual è la differenza tra una persona che ha sentimenti fuori controllo e stress senza sosta e un atleta che prospera nella sua zona di benessere? Per cominciare, agli atleti viene spesso insegnato come riportare la mente al momento presente e rimanere impegnati, anziché concentrarsi sugli errori che sono accaduti o che potrebbero accadere. Per gli atleti allenati, la capacità di elaborare ciò che sta accadendo in quel momento e di rilasciare lo stress o la tensione è un'abilità che spesso richiede anni per essere padroneggiata.

Anche i non atleti possono imparare questa abilità, per potersi concentrare nei momenti di nervosismo o addirittura di crisi. In modo simile alle battute d'arresto atletiche, tutti noi viviamo momenti in cui vorremmo poter superare la paura per emanare fiducia, o almeno apparire a nostro agio. Ciò che fa la differenza nella nostra capacità di rimanere in equilibrio e lucidi si trova nella preparazione chiave che facciamo tra i secondi cruciali della performance.

Consideri questo: se si sedesse tutto il giorno sul divano a guardare la televisione e a mangiare pizza e gelato, diventerebbe un giocatore di calcio di livello mondiale? Molto probabilmente si sta dicendo: "No". Ma mi lasci porre questa domanda: se fosse in ritardo al lavoro dopo una visita medica in cui le è stata diagnosticata la pressione alta e le fosse caduto e si fosse rotto il telefono mentre rovesciava la bibita sulla scrivania, causando una scintilla alla tastiera e rovinando il computer portatile, si sentirebbe ancora pronto a fare una presentazione straordinaria davanti a tutta la sua azienda? Anche se questo caso può essere estremo, è un esempio di come spesso ci mettiamo in situazioni senza rallentare e preparare mentalmente la nostra mente ad affrontare qualsiasi cosa ci capiti.

Per gli atleti, la chiave per creare la sensazione di motivazione arriva con l'aiuto di quattro procedure mentali che li aiutano a resettare tra una partita e l'altra o anche nel bel mezzo di una partita. Queste fasi includono la disattivazione, la riaffermazione, la rifocalizzazione e la riattivazione (Ivey et al., 2015).

- **Disattivazione:** Questa pausa mentale chiede all'atleta di prendersi qualche secondo per lasciar andare qualsiasi negatività o preoccupazione associata alla sua prestazione attuale. L'atleta può immaginare che il suo atteggiamento disfattista fluttui via o venga schiacciato come un insetto, purché la sensazione lasci il suo sistema.

- **Riaffermazione:** Dopo la disattivazione, gli atleti ricordano parole o frasi che li fanno sentire positivi e forti. Dire qualcosa di semplice come "Posso farcela" o "Sono forte" può aiutare un individuo a ricordare la mentalità positiva che vuole e deve avere.

- **Rifocalizzazione:** Questo concetto riporta l'atleta al controllo attraverso il processo di visualizzazione del risultato positivo e la fiducia che questo diventerà realtà.

- **Riattivazione:** Infine, questa fase chiede alla mente dell'atleta di tornare al gioco o alla prestazione, in modo che possa avvenire la parte successiva dell'esecuzione delle abilità.

Le tecniche di mindfulness offrono agli atleti strumenti preziosi per il recupero sia fisico che mentale. Una di queste tecniche è la scansione del corpo, in cui gli atleti dirigono sistematicamente la loro attenzione su diverse parti del corpo, notando eventuali tensioni e rilasciandole. Questa pratica favorisce il rilassamento e aiuta il recupero dei muscoli affaticati.

Inoltre, incorporare la mindfulness nelle routine di esercizio fisico aumenta i benefici dell'attività fisica. L'esercizio mentale consiste nel prestare molta attenzione alle sensazioni corporee, ai movimenti e ai modelli di respirazione durante gli allenamenti, promuovendo una connessione più profonda tra mente e corpo.

Le tecniche di lavoro sul respiro sono anche un'ottima aggiunta alle routine atletiche. Possono migliorare in modo significativo la concentrazione e il recupero degli atleti. Praticando esercizi di respirazione consapevole, gli atleti possono regolare il sistema nervoso, ridurre lo stress e migliorare l'assunzione di ossigeno, ottimizzando così le prestazioni e favorendo tempi di recupero più rapidi.

Integrando queste tecniche nel loro regime di allenamento, gli atleti possono non solo accelerare il recupero fisico, ma anche coltivare il benessere mentale.

resilienza, consentendo loro di dare il meglio di sé mantenendo il benessere generale.

Visualizzazione per gli atleti

Se paragoniamo la meditazione a un gioco, è quasi come il gioco di finzione che spesso facciamo da bambini. Lasci che questa idea sia confortante, mentre esplora tutti i modi in cui può immaginare scenari per dare conforto e ridurre lo stress. Da bambino, inventare storie quando giocava a fare finta con gli amici non aveva limiti. Poteva essere un cavaliere che combatteva un drago malvagio o un dipendente di una gelateria che aveva tutti i gusti immaginabili. Consenta alla sua mente adulta di operare allo stesso modo quando visualizza il suo successo. Il cielo è il limite, nulla la trattiene!

Poiché ci siamo resi conto del potere che l'immaginazione e i risultati ipotetici possono avere per un individuo, in particolare per gli atleti, possiamo ora discutere alcune delle migliori tecniche di visualizzazione per aumentare la consapevolezza e migliorare le prestazioni. Il concetto di visualizzazione di una prestazione positiva può avere un forte impatto sul cervello come la meditazione, la scansione del corpo e la respirazione consapevole, quindi è un'altra area che gli atleti non dovrebbero trascurare.

Per il perfezionista che è in tutti noi, la visualizzazione offre uno sbocco per ottenere risultati reali. Se riesce a immaginare uno scenario nella sua mente, sarà in grado di gestirlo meglio nella vita reale. La visualizzazione dei risultati può anche aiutarci a migliorare la memoria, dato che potremmo ripetere gli stessi scenari positivi più volte. Per visualizzare un risultato che le piacerebbe vedere, per prima cosa trovi un luogo tranquillo e si sieda dritto su una sedia comoda. Inspiri ed espiri lentamente e consapevolmente per calmare la sua mente e immagini i dettagli dello scenario che desidera visualizzare. Consenta che questo non solo la motivi mentre la sua mente cammina attraverso questa situazione, ma anche che questo sia il suo allenamento per il grande evento. Immagini come si svolgerà la scena nel "giorno della partita" e cerchi di immaginare ogni minuto della performance. Si concentri sul rimanere vigile e sull'alleviare lo stress in questo momento, in preparazione al giorno reale. Molti atleti scoprono che il processo di visualizzazione prima dell'evento può diminuire la quantità di stress.

pressione che devono affrontare durante l'esperienza dal vivo, poiché avranno già familiarità con il modo in cui si svolge (Straw, 2023).

Idee Mindful per le prestazioni del corpo

In qualsiasi scenario di tipo prestazionale, ci sarà pressione per completare un'attività con perfezione, ma cerchi di lasciar perdere questa idea mentre raccoglie i suoi strumenti per fare il meglio che può. Il vantaggio di praticare la consapevolezza è che non avrà più bisogno di esercitare un'enorme pressione su di sé, poiché si sentirà preparato per qualsiasi cosa le capiti a tiro. Le seguenti idee possono aiutare un atleta nel suo lavoro verso il progresso.

- Respirare con attenzione (esercitarsi prima e durante un'attività).

- Completi la scansione del corpo per aiutarla a rilassarsi. Chiuda gli occhi e si concentri su ogni parte del corpo individualmente, rilassandosi dalle dita dei piedi alla testa.

- Visualizzare il suo successo come atleta prima di qualsiasi prestazione: trovare uno spazio tranquillo, chiudere gli occhi, immaginare i dettagli di una partita o di un evento e visualizzare il suo successo e le emozioni associate all'evento.

- Scriva un diario ogni giorno! Scriva delle sue speranze, delle sue paure e dei suoi successi come atleta.

- Si ricordi di fare stretching (prima e dopo ogni esibizione).

- Partecipi a un'attività fisica supplementare che assista e migliori il suo sport o la sua attività principale. Alcuni esempi possono essere lo yoga, la danza classica, le passeggiate, un corso di kickboxing o il sollevamento pesi.

- Faccia un elenco dei tre obiettivi principali (in ordine) di ciò che vorrebbe realizzare dal punto di vista atletico quest'anno.

- Pensi a un'affermazione positiva per lei e la ripeta ad alta voce ogni giorno.

- Impari a lasciarsi alle spalle gli insuccessi (li consideri opportunità di apprendimento). Dichiari ad alta voce il perdono verbale dopo qualsiasi errore.

- Partecipi ad attività che richiedono e costruiscono la concentrazione mentale, come la lettura, la scrittura o la pittura.

- Registri e osservi le sue prestazioni. Per alcuni può essere difficile, ma vale la pena provare per migliorare. Lo utilizzi come strumento di apprendimento per il suo allenamento.

- Si separi (crei dei confini!) dagli atleti o dalle persone che parlano negativamente delle loro prestazioni o di quelle degli altri.

- Stabilisca un'intenzione personale all'inizio di ogni pratica. Che cosa vuole imparare o ottenere?

- Riposare con costanza e regolarità.

- Crei un calendario degli allenamenti e lo affigga in un luogo ben visibile, in modo da essere responsabile degli allenamenti.

- Faccia una doccia o un bagno caldo per alleviare la tensione e lo stress degli esercizi.

- Provi una doccia fredda per rinvigorire il suo corpo e per esercitarsi a controllare la respirazione durante il processo.

- Ascolti la musica che la ispira o la motiva.

- Guardi un filmato preferito di un atleta che ammira.

- Creare un'abitudine all'allenamento. Anche se si presenta all'allenamento solo per una piccola quantità di tempo, si concentri sul "presentarsi".

- Se qualcosa non funziona, aggiorni o cambi il suo piano di studio. Rimanga aperto e adattabile.

- Mangia abbastanza cibi sani per nutrirla adeguatamente per le sue prestazioni.

- Beva circa 11-15 bicchieri (91-125 once) di acqua ogni giorno per idratare il corpo e la mente (Eby, 2023).

- Sbadigli o rida prima di un'esibizione per calmare i nervi.

- Crei un diario della gratitudine sul suo corpo (esempio: "Sono grato per le mie gambe perché mi permettono di camminare e correre", "Sono grato per i miei occhi perché mi permettono di vedere l'obiettivo").

- Trovi un allenatore o un amico che possa aumentare positivamente la sua fiducia durante gli allenamenti o nei giorni di esibizione.

- Per gli sport di squadra, partecipi a workshop o incontri che possono creare cameratismo con i compagni di squadra.

- Faccia un elenco delle ricompense intrinseche che riceve praticando questo sport o partecipando all'attività.

- Mostri compassione e gentilezza durante l'esecuzione (verso gli altri e verso se stesso).

- Pratica il rilassamento muscolare progressivo (PMR). Si concentri lentamente a stringere un muscolo per 8-10 secondi, poi lo rilassi. Questo aiuta ad alleviare la tensione in tutto il corpo, anche se non si avverte dolore muscolare (Toussaint et al., 2021).

- Senta i suoi sentimenti! Non deve impedire alla sua mente di provare determinate emozioni, anche durante i giochi e le esibizioni. Con il tempo e la pratica meditativa, può semplicemente sentire le sue emozioni e andare avanti.

NB: Le idee di autocura di cui sopra aiutano a sistemare il cervello e il corpo per le pratiche regolari di meditazione mindfulness. Vedere l'Appendice per le audioguide gratuite sulle meditazioni di consapevolezza. Utilizzi queste audioguide insieme alle pratiche di autocura di cui sopra, mentre intraprende il suo "Anno della Mindfulness".

Punti chiave

Sebbene l'atletismo richieda forza e abilità, molto di questo viene dall'interno. Anche se sente che i suoi giorni da atleta sono finiti, il possesso di uno spirito atletico non deve finire. Continuare a rimanere mentalmente consapevoli e preparati dovrebbe essere parte integrante di una routine di allenamento, proprio come l'esercizio fisico.

- Il cervello cerca di richiamare le informazioni precedenti per eseguire i compiti, quindi l'acquisizione della memoria muscolare è importante quanto l'allenamento della forza per il corpo.

- Gli atleti subiscono battute d'arresto e hanno delle vulnerabilità, ma spesso lavorano per superare le sfide allenando la mente alla positività prima, durante e dopo una prestazione.

- Quattro pratiche possono aiutare a riportare gli atleti a uno stato di consapevolezza e di concentrazione: disattivazione, riaffermazione, rifocalizzazione e riattivazione.

- Le tecniche di visualizzazione possono essere una potente aggiunta per gli atleti, oltre alla meditazione di respirazione consapevole e alla scansione del corpo.

Abbiamo finalmente raggiunto un punto in cui possiamo iniziare a utilizzare alcune delle tecniche mindful che abbiamo imparato per portare la nostra pratica a un altro livello. Esaminare i modi per essere genitori e invecchiare con grazia può essere impegnativo, ma con le idee che ha raccolto, può applicare le pratiche più adatte alla sua vita e alle sue esigenze.

Capitolo 13:

Fare il genitore in modo consapevole

È un'altra giornata luminosa e soleggiata e sta per andare a prendere suo figlio alla scuola elementare. Mentre accosta l'auto al parcheggio, fa un respiro profondo e si rende conto che questa sarà l'ultima volta che rimarrà da sola per il resto della giornata. Assapora questo momento di tranquillità. *Ma va bene così*, pensa mentre saluta suo figlio, che si avvicina alla macchina e sale. Mentre li saluta, le dicono che hanno avuto una giornata impegnativa, ma che è stata fantastica e sono felici di potersi rilassare ora. Durante l'viaggio verso casa, entrambi vi godete il tempo insieme e lo spazio per respirare mentre discutete con calma delle vostre giornate. Siete entrambi presenti nel momento e potete condividere i vostri sentimenti in modo consapevole.

Se lei è un genitore, le sembra una giornata tipica? Anche se fare il genitore può essere un'impresa meravigliosa, immagino che questo ipotetico scenario le sembri irrealistico rispetto a ciò che vive normalmente. Indipendentemente dall'età di suo figlio, è molto probabile che lei affronti quotidianamente le curve con loro e, alla fine della giornata, probabilmente le sembrerà di aver sperimentato più di quanto pensava di fare quando si è svegliato la mattina.

Fare il genitore in modo rilassato e consapevole non deve sembrare così inverosimile, perché le tecniche di consapevolezza di cui abbiamo già parlato possono aiutarci a reagire in modo più appropriato a qualsiasi cosa ci venga proposta dalla vita. L'atto del fare il genitore è qualcosa da ammirare. Ma è anche un lavoro difficile. Forse lo ha sperimentato lei stesso e ha perso la calma durante un'interazione con suo figlio. Anche se non c'è nulla di cui vergognarsi, sappia che ci sono approcci consapevoli che può utilizzare per affrontare tutto ciò che la vita le offre.

Fasi Mindful

La genitorialità consapevole consiste nel soffermarsi a considerare le scelte e le reazioni che sta avendo alle situazioni con suo figlio, cosa che pochi di noi tendono a fare quando le nostre giornate sono piene di impegni. Rimanere presenti è difficile quando ci si destreggia tra pasti, viaggi in auto, compiti, pannolini o conversazioni difficili con i bambini. Per questo è necessario rimanere consapevoli di ciò che sta accadendo ora, in modo da non perdere opportunità o arrabbiarsi quando qualcosa non va come vorremmo.

Ora ha acquisito una visione di alcuni strumenti che l'aiuteranno a rimanere consapevole, quindi in questa sezione imparerà come portare questi metodi nella sua vita di genitore. Essere genitore è un lavoro importante, quindi non solo avrà la possibilità di concentrarsi su ciò che è giusto per lei, ma anche su ciò che è necessario e utile per suo figlio. Non è mai troppo presto per praticare la mindfulness o per insegnare a un bambino come rimanere consapevole durante la sua giornata. Mentre legge, consideri i modi in cui potrà raggiungere la consapevolezza come genitore con l'aiuto di questi potenti metodi.

Mindfulness per i neonati

Probabilmente, uno degli aspetti più impegnativi della genitorialità è la comunicazione. Quando ci prendiamo cura dei neonati, il fatto che non possano parlarci per descrivere le loro emozioni o il loro dolore può essere frustrante per noi e per loro. Sta a noi decifrare le esigenze del neonato in base al suo linguaggio del corpo, ai suoi pianti e alle sue espressioni facciali. Praticando la mindfulness, possiamo sviluppare le capacità di comprendere i nostri legami con gli altri, anche con i neonati.

Un'attività importante per lo sviluppo infantile è rappresentata dalle "interazioni avanti e indietro dei bambini con gli adulti che si prendono cura di loro. [Inoltre,] costruire la nostra capacità di essere pienamente consapevoli nel momento ci permette di diventare detective più attenti nello scoprire ciò che un neonato o un bambino ci sta rivelando" (Gehl & Bohlander, 2018). Si tratta di una strada a doppio senso per adulti e bambini, in quanto gli adulti possono imparare il loro ruolo di caregiver e sintonizzarsi con la consapevolezza di se stessi.

La sua attenzione quando fa il genitore di un neonato aiuterà entrambi ad acquisire la consapevolezza. Il suo bambino inizierà ad apprendere le risposte e le reazioni che gli darà, sia positive che negative, e, con le pratiche di consapevolezza, potrà imparare a rispondere in modo appropriato senza usare la forza, urlare o sentirsi frustrato nei momenti caotici. Si prepari a muoversi un po' più lentamente con il suo bambino, perché non tutti i momenti della pappa o del bagno devono essere affrettati. Quando rallenta questo processo, i bambini impareranno a rimanere calmi e attenti anche quando finalmente inizieranno a completare i compiti da soli.

Mindfulness per i bambini

Quando i bambini sono abbastanza grandi da frequentare la scuola, stanno ancora imparando a comunicare in modo efficace e stanno costruendo il loro vocabolario per farlo. Con la nascita di amicizie, possono sorgere più distrazioni, ma le abilità mentali sono ancora più vitali in questo caso, poiché i bambini hanno più opportunità di esercitare la loro indipendenza da lei. Una volta che il bambino è in grado di comunicare più chiaramente con il genitore, è il momento di parlare di come la mindfulness può aiutarlo a scuola e nella vita.

Parli a suo figlio di strategie di respirazione, di conteggio lento o di tecniche di meditazione che potrebbero aiutarlo a calmarsi. Sebbene non vogliano provarle a scuola, possono esercitarsi a casa per ottenere il controllo sui sentimenti provati durante la giornata. Dare un nome a qualsiasi sentimento importante che suo figlio ha sperimentato, la aiuta anche a entrare in contatto con ciò che affronta durante il giorno quando lei non è presente. Discutere degli scenari che hanno vissuto o che potrebbero vivere può aiutarli a visualizzare le strategie efficaci per l'autoregolazione e l'empatia.

Mindfulness per adulti

Anche da adulti, lavoriamo costantemente per trovare le parole giuste per dire agli altri come ci sentiamo. Quando un bambino diventa adulto, acquisisce l'esperienza che lo aiuta a gestire situazioni specifiche, ma alcuni adulti ricorrono ancora a fare capricci simili al comportamento di un bambino se qualcosa non va come vorrebbero. Se hanno una storia di apprendimento

La mindfulness, tuttavia, è una tecnica da impiegare che si concentra sulla consapevolezza, sulla gentilezza e sulla positività.

Quando siamo adulti, molti di noi hanno capito come comunicare a livello di base, ma molti di noi non sanno ancora come ascoltare. Fermarsi ad ascoltare attivamente gli altri, anche quando stanno dicendo qualcosa che non vogliamo sentire, richiede maturità e pazienza. Quando siamo in grado di ascoltare più intensamente, spesso impariamo di più, diventiamo più curiosi e mostriamo una crescita nella comprensione di noi stessi.

Come genitori, incoraggiare i bambini a comunicare e ad ascoltare bene può supportare le capacità decisionali più avanti nella vita e aumentare il benessere mentale generale, quindi introdurre queste idee ai bambini può aiutare a creare connessioni aperte (Marie, 2022). Questo contribuisce anche alla sua tranquillità genitore, sapendo che le pratiche di consapevolezza che ha aiutato suo figlio ad apprendere continueranno ad essere metodi a cui potrà attingere quando sarà stressato o ansioso.

Stabilire standard genitoriali realistici

Molti genitori sperimentano scambi con i loro figli di cui non vanno fieri. È importante sapere che non è solo: non è facile essere genitore e non esiste una guida su come essere il genitore 'migliore' (perché non esiste!). La genitorialità è un'esperienza incredibilmente unica per tutti. Ciò che forse è più importante dell'essere il genitore 'perfetto', è capire come accettare i momenti in cui non è al meglio, imparare da essi, crescere con essi e continuare a progredire per essere un genitore di cui essere orgoglioso.

Osservando suo figlio mentre gioca o completa le attività quotidiane, può iniziare a capire quali sono le pratiche mindful più adatte a lui, ma è importante anche lasciare che la mindfulness avvenga naturalmente, piuttosto che cercare di forzare la partecipazione.

Stabilire obiettivi realistici per i bambini e comunicare queste idee in modo chiaro con un bambino, una volta che è in grado di capirla, è uno dei modi più semplici per iniziare a praticare la mindfulness oggi. Per esempio,

Durante i pasti, può praticare l'alimentazione consapevole descrivendo a turno i colori, la consistenza e i sapori del cibo senza giudicare. Potreste anche praticare l'ascolto consapevole, sedendovi in silenzio insieme e concentrandovi sui suoni che vi circondano, come il cinguettio degli uccelli o il passaggio d e l l e auto. Attraverso queste pratiche, può insegnare ai suoi figli come essere presenti nel momento, gestire le loro emozioni e coltivare un maggiore senso di calma e consapevolezza.

Introdurre lentamente i bambini a pratiche mindful come la meditazione guidata, la scansione del corpo e gli esercizi di respirazione profonda può anche aiutare a calmare la mente del bambino e a offrirgli una nuova prospettiva prima di continuare la giornata. I bambini apprezzano anche una routine coerente, anche se non amano ammetterlo, quindi programmare un momento per meditare o semplicemente respirare e rilassarsi prima del pisolino o al momento di andare a letto può offrire loro la possibilità di calmare la mente.

A qualsiasi età, i bambini cercheranno di mettere alla prova i loro limiti e di affermare la loro indipendenza, quindi cerchi di rimanere flessibile mentre lavora con loro sulle pratiche di consapevolezza. Condivida le sue idee con loro, ma faccia degli aggiustamenti quando necessario, man mano che il bambino cresce. Non sarà necessario spiegare loro tutti i dettagli dei benefici delle pratiche mindful; è sufficiente mantenere la tecnica facile e divertente, in modo che la trovino piacevole. Si ricordi che il suo comportamento modellato è uno degli strumenti più influenti di cui dispone quando si tratta di fare il genitore, quindi stabilire un tono di apprezzamento per la mindfulness può essere il modo numero uno per far sì che un bambino sia desideroso di partecipare alle azioni mindful.

I bisogni di un genitore

Chiunque abbia trascorso anche un solo giorno con un bambino può capire quanto sia importante riservare del tempo per la cura di sé. Poiché la salute mentale è collegata alla salute fisica, è necessario prendersi cura anche dei propri bisogni. Come sa da qualsiasi stress che ha affrontato nella sua vita, la tensione si accumula e tende a scaricarsi in modo negativo se non creiamo degli sfoghi per rilassarci. Poiché un genitore stanco e ansioso probabilmente non darà il meglio di sé quando interagisce con il figlio, risparmierà

Il tempo per meditare, passeggiare all'aperto, leggere un libro o scrivere un diario dei suoi pensieri è un modo per liberare un po' della pressione che può affrontare come genitore.

Fare delle pause

Come già detto, modellare un comportamento consapevole per suo figlio è uno dei modi migliori per mostrargli che lei rispetta e ama se stesso. Pianificare una serata con i suoi amici o con il suo partner, mentre suo figlio si diverte con una babysitter o un familiare, fa capire loro che lei ha bisogno di tempo per le attività sociali proprio come loro.

Permetta a suo figlio di vederla mettere via il telefono e fare pause consapevoli dai dispositivi elettronici, in modo che anche loro sappiano che il tempo che trascorre con loro è importante. I bambini notano molto di più di quanto pensiamo e quando vedono un genitore attaccato al telefono e che lo fissa costantemente, potrebbero cercare attenzione in ogni modo possibile, anche attraverso l'uso di mezzi negativi. Faccia delle pause per ballare, cantare e giocare con suo figlio. Da grandi ricorderanno le sensazioni provate durante queste esperienze con lei, anche se non ricorderanno tutte le attività svolte insieme.

In uno studio che misurava l'intelligenza emotiva e l'impatto dell'uso dei dispositivi da parte dei genitori e dei loro figli di età compresa tra i cinque e i dodici anni, i ricercatori hanno scoperto che i genitori che usavano i cellulari più frequentemente davanti ai loro figli avevano figli con un'intelligenza emotiva inferiore (2023):

> L'uso del telefono da parte dei genitori è associato alla 'faccia immobile', un aspetto inespressivo spesso interpretato come depressione, che può avere un ulteriore impatto sullo sviluppo delle capacità emotive del bambino. La conseguenza è che i genitori devono essere più attenti alla frequenza con cui usano il telefono in presenza dei figli... La posizione degli occhi invia un messaggio ai figli su ciò che è importante. (Hamm)

Punti chiave

Ora che è in grado di riflettere su alcune delle pratiche mindful calmanti che ha individuato per sé, consideri come può incorporare la mindfulness mentre passa del tempo con suo figlio. Anche se questo significa semplicemente modellare il suo comportamento consapevole, suo figlio lo vedrà e imparerà dalla sua capacità di autoregolazione, ascolto e cura di sé e degli altri.

- Introdurre le tecniche mindful ai bambini può aiutarli a sviluppare strategie da utilizzare nel corso della loro vita.

- A qualsiasi età, le tecniche mindful possono aiutare i bambini a sviluppare le capacità di comunicazione e l'empatia verso gli altri.

- I genitori possono aiutare i bambini a incorporare le tecniche di respirazione consapevole e/o la meditazione nella loro giornata e a modellare l'importanza di queste pratiche.

- Stabilire obiettivi realistici per i bambini e rimanere adattabili a qualsiasi cambiamento di programma aiuta a stabilire il tono di una genitorialità consapevole.

- Dedicare del tempo alla cura di sé come genitore può permetterle di calmare la mente e di fare delle pause.

Infine, esamineremo cosa significa praticare la mindfulness quando si invecchia. Sebbene non sia mai troppo tardi o troppo presto per iniziare a praticare la mindfulness, essa deve essere una pratica continua, in modo da poter godere dei ricchi benefici della riduzione dello stress.

Capitolo 14:

Mindfulness a qualsiasi età

È ovunque. Entrando in quasi tutti i negozi, è probabile che venga inondato da splendide modelle su poster e pubblicità che mostrano ciò che si può acquistare per avere una pelle più giovane, perdere peso o vestirsi come una celebrità. È difficile evitare di sentirsi non abbastanza attraenti quando viviamo in una cultura che valorizza la bellezza e teme l'invecchiamento. Sebbene i cambiamenti nell'aspetto del corpo siano abbastanza inevitabili con l'avanzare dell'età, mantenere un atteggiamento consapevole per tutta la vita può aiutarci a sentirci equilibrati e sicuri di noi stessi fino alla vecchiaia.

La mente di un bambino

Sappiamo che i bambini sono impressionabili e assorbono idee e lezioni ogni giorno, ma sorprendentemente, l'insegnamento della mindfulness ai bambini ha guadagnato popolarità nei sistemi scolastici solo di recente. Mentre le scuole e i gruppi della comunità stanno iniziando a prestare maggiore attenzione all'impatto vantaggioso dello yoga, della meditazione, delle strategie di auto-calma e delle tecniche di respirazione profonda per i bambini, i risultati di queste pratiche sembrano anche aiutare i bambini a capire che ci sono modi per acquisire consapevolezza dei propri sentimenti senza ricorrere alla violenza verbale o fisica. "Le ricerche esistenti ad oggi suggeriscono che l'autoregolazione può migliorare come risultato della formazione alla mindfulness durante l'infanzia. In particolare, gli studi di formazione alla mindfulness con bambini e adolescenti in età scolare hanno documentato miglioramenti negli indici di autoregolazione di insegnanti e genitori" (Zelazo & Lyons, 2011).

Ora che è diventato più consapevole dell'impatto positivo che la mindfulness può avere, consideri come queste pratiche potrebbero averle giovato se fossero state apprese durante l'infanzia. Introdurre le pratiche di mindfulness ai bambini può aiutare nella gestione di sé stessi da adulti. Il la pratica della mindfulness non è valorizzata nella società quanto dovrebbe. "L'allenamento alla mindfulness può fornire la pratica della rielaborazione riflessiva... riducendo al minimo le influenze che interferiscono con la funzione corticale prefrontale (ad esempio, cortisolo/stress) e massimizzando le influenze che promuovono questa funzione (ad esempio, dopamina/emozioni orientate all'approccio, come felicità e curiosità)" (Zelazo & Lyons, 2011). Per un bambino, questo significa che le pratiche mindful possono aiutare a sviluppare le capacità decisionali, la risoluzione dei problemi e la creatività.

Invecchiare con grazia

Con l'avanzare dell'età, a volte diventa più difficile iniziare un nuovo hobby o interessarsi a qualcosa che non abbiamo mai provato prima, ma le pratiche mindful tendono a inserirsi facilmente in un programma e possono essere abbastanza semplici da praticare in quasi tutti i luoghi della giornata. Tenga presente che non è mai troppo tardi per iniziare una pratica di mindfulness e che il cervello trae grandi benefici dalla continuazione dell'apprendimento di nuove idee. "Le prove suggeriscono che la meditazione, la preghiera e altre pratiche religiose e spirituali correlate possono avere effetti significativi sull'invecchiamento del cervello, effetti positivi che possono contribuire a migliorare la memoria e la cognizione, l'umore e la salute mentale generale" (Newberg, 2011).

Poiché sappiamo che allenare la mente con puzzle, nuove abilità ed esercizi di concentrazione può aiutare a frenare il processo di invecchiamento del cervello, si renda conto che c'è sempre spazio per la crescita e lo sviluppo nella sua vita. Sebbene possa pensare di essere un esperto in qualcosa che ha praticato per anni, si liberi da questa mentalità fissa e capisca che può sempre imparare nuove idee su un argomento, a qualsiasi età.

Quando una persona si concentra su un obiettivo realistico, tende a rimanere motivata nel raggiungere quel risultato. Con l'avanzare dell'età, possiamo sempre adattare i nostri obiettivi, ma consideri come vuole apparire e sentirsi tra cinque anni, dieci anni o addirittura vent'anni e si concentri sul lavoro verso obiettivi che la aiuteranno a sviluppare il suo scopo. Nel nostro percorso verso la realizzazione, impariamo di più su noi stessi e sugli altri, e possiamo anche decidere di cambiare completamente la nostra linea temporale o i nostri esercizi mentali per adattarli alle nostre esigenze.

il nostro stile di vita. Sebbene concentrarsi sul momento presente sia un obiettivo chiave delle pratiche mindful, la pianificazione del nostro successo e sviluppo futuro può spingerci a desiderare di rimanere mindful.

Mantenere la consapevolezza

Chi non ha familiarità con l'idea delle pratiche mindful e di come queste possono aiutare, potrebbe avere l'impressione che siano una perdita di tempo o che ci siano troppe cose da fare durante la giornata per aggiungere le pratiche mindful. Potrebbero giudicare alcune pratiche come troppo "new age" per loro quando, in realtà, queste pratiche sono state di beneficio alle persone per secoli. Sebbene sia importante socializzare e connettersi con gli altri, non permetta mai a nessuno di mettere in ridicolo le pratiche di consapevolezza che la aiutano a rilassarsi o a preparare il terreno per la sua giornata.

Rimanere consapevoli significa controllare la propria vita. Sta sviluppando il potere di lasciare che le idee fluttuino verso di lei e si allontanino da lei con delicatezza e facilità. I pensieri che, un tempo, avrebbero potuto causarle stress, ora sono semplicemente idee che può osservare con obiettività e prendere decisioni al momento giusto. Per parafrasare e applicare questo alla citazione citata in precedenza (nel Capitolo 6) del dottor Viktor Frankl, la mindfulness le permette di trovare quello spazio, tra lo stimolo e la risposta, e le dà la libertà di fare la sua scelta.

Anche se non possiamo controllare tutto ciò che accade nella vita, possiamo fare scelte più consapevoli per assicurarci di prenderci cura di noi stessi, sia nel corpo che nella mente. Andare dal medico per controlli regolari, parlare con il suo medico o terapeuta di qualsiasi stress o preoccupazione che sta vivendo e pianificare attività di auto-cura durante la sua giornata sono alcuni modi fondamentali per rimanere proattivi riguardo al suo benessere (Brettingen, 2022).

Naturalmente, continuare a praticare gli hobby o le attività a cui già partecipa può mantenere il suo cervello attivo e vigile, ma cerchi di spaziare per trovare nuovi interessi che facciano lavorare la sua mente. Si unisca a gruppi che le permettano di restituire alla sua comunità, di fare volontariato e di fare la differenza nel suo mondo. Questo tipo di impegno ha l'ulteriore vantaggio di aiutare si sente soddisfatto del lavoro che sta svolgendo e del modo in cui sta utilizzando il suo tempo. Partecipare ad attività come questa può anche essere un ottimo modo per incontrare persone che la pensano come lei e che amano le pratiche mindful!

Cosa le riserva il futuro

Poiché non sappiamo mai con certezza cosa ci riserva il futuro, è utile praticare modi sani di esprimersi e di scaricare lo stress, in modo da poter affrontare qualsiasi cosa ci capiti. Possiamo sempre pianificare i risultati positivi con le pratiche mindful, e rimanere pronti anche per le sorprese. Se è il tipo di persona che ama essere sempre al corrente di come sarà la sua giornata, l'aggiunta di un esercizio mentale come la meditazione per soli dieci minuti può offrirle la possibilità di evadere e rilassarsi, rimanendo aperto all'ignoto. Supponiamo che lei sia rilassato e tranquillo nel portare a termine i compiti della settimana. In questo c a s o , la mindfulness può offrirle l'opportunità di apprezzare ed essere grato per ciò che ha e per l'atteggiamento che possiede. La conclusione è che le pratiche mindful non sono per un certo *tipo* di persona, ma sono per *ogni* persona che può goderne e trarne beneficio.

Trattando se stesso con gentilezza, modifica il modo in cui il suo cervello vede il mondo. Molto probabilmente noterà questo effetto come uno dei primi benefici delle pratiche mindful. Dedicare del tempo alla cura di sé non solo le dà qualcosa da aspettarsi, ma allena anche il suo cervello a sentirsi positivo nel praticare la mindfulness e a incorporarla nel suo nuovo modo di pensare. "Sappiamo che anticipare qualcosa di positivo aiuta a mantenere i livelli di dopamina nel cervello... Quindi, la sola idea di anticipare qualcosa di buono può cambiare fisicamente la chimica del cervello, in modo da sentirsi felici" (Volpe, 2020). Inizi a godere dei momenti semplici della sua vita e a provare entusiasmo per il suo futuro consapevole.

Punti chiave

Ora che siamo giunti alla fine della nostra esplorazione dei modi positivi in cui il cervello può essere influenzato dalla mindfulness, la invito a continuare la sua comprensione applicando le pratiche e programmando il tempo per il suo percorso mindful. Quando stabilisce una routine per la mindfulness, la rende una priorità, mostrando agli altri che apprezza l'opportunità di fare esercizi di mindful. Per sostenerla ulteriormente, ho incluso dei contenuti bonus accessibili dall'appendice.

- Gli studi che misurano l'impatto della mindfulness sui gruppi scolastici e comunitari stanno determinando che pratiche come lo yoga, la meditazione e la respirazione profonda sembrano avere un effetto positivo sui bambini piccoli.

- Con l'avanzare dell'età, le pratiche mindful aiutano a migliorare e mantenere la memoria, la concentrazione e la consapevolezza di sé.

- Continuare a imparare stimola parti del cervello e rilascia sostanze chimiche salutari per uno stato d'animo e un'emozione più positivi.

- Prendere decisioni consapevoli per il nostro corpo e la nostra salute ci permette di continuare a essere proattivi nel prenderci cura di noi stessi.

Imparare qualcosa di nuovo richiede impegno e sforzo, ma la mindfulness è una pratica che può diventare uno stile di vita naturale, semplicemente invitandola nella nostra giornata. Non deve richiedere molto tempo e i suoi effetti ci renderanno molto più produttivi nel corso della giornata.

Conclusione

Spesso le persone non si prendono il tempo per capire e riflettere su come la loro vita potrebbe essere migliorata con semplici cambiamenti. Oggi la sto sfidando e incoraggiando a elaborare il lavoro che ha completato in questo libro perché, che se ne renda conto o meno, ha già fatto molto. Ha preso l'iniziativa di capire di più su di sé e su come migliorare la sua salute cerebrale.

Come già detto, se cerca di fare troppe cose in una volta, l'effetto sarà minimo, poiché è probabile che si esaurisca rapidamente e torni ai comportamenti precedenti. Invece di cercare di implementare tutte le idee di questo libro nella sua vita contemporaneamente, vorrei che pensasse a una pratica o a una tecnica che proverà oggi e che sarà per lei calmante e benefica. Poiché il suo cervello, con la sua incredibile neuroplasticità, è in grado di adattarsi e di rispondere in modi nuovi, inizi a prendere in considerazione le tecniche che possono sia sfidare che confortare questo incredibile organo.

Cosa c'è di nuovo per lei?

Si ricordi che questo può essere il suo "anno di mindfulness", a partire da adesso. Utilizzi gli elenchi alla fine dei capitoli per sistemare il suo cervello e il suo corpo, e la guidi nella prossima fase di sperimentazione delle pratiche mindful. La fine di questo libro non significa la fine del suo viaggio consapevole. Al contrario, lo consideri come un invito a procedere con le fasi successive. Grazie ai contenuti bonus dell'appendice, potrà seguire la sua avventura mentale e iniziare ad esplorare esercizi coinvolgenti che possono stimolare la funzione cerebrale e migliorare la memoria.

Se sta ancora dubitando di avere l'energia per diventare una persona più consapevole, consideri questo. *Lei* è l'unico a controllare i suoi prossimi passi. Sì, probabilmente è attratto da molte direzioni diverse...

Durante la sua giornata, può essere difficile trovare un equilibrio, ma con l'incorporazione di pratiche mindful, è probabile che goda di funzioni cognitive migliori, di un sistema immunitario potenziato e di notti di sonno migliori per gestire tutto questo. Inoltre, il sollievo dallo stress che sperimenterà stabilendosi in uno stato di consapevolezza diventerà più familiare per lei, man mano che continuerà a praticare le varie tecniche.

Il suo cervello è una banca e le pratiche mindful sono i piccoli depositi che farà e che la ricompenseranno nel tempo. Non aspetti di essere stressato oltre ogni limite per iniziare a praticare un esercizio mentale. Crei opportunità mindful nei giorni buoni e in quelli cattivi. Mi azzardo a dire che troverà dei benefici nel vivere momenti di calma e tranquillità sia nei giorni di lavoro che in quelli di pace. Consideri di svegliarsi ogni mattina con la fiducia di praticare la necessaria cura di sé, di mangiare in modo consapevole e di fare scelte consapevoli ogni giorno. La mindfulness cambia davvero la vita e ora, con l'aiuto di questo libro, ha centinaia di idee a cui può ricorrere quando ha bisogno di un'azione rapida per calmarsi.

Che sia un genitore che ha bisogno di ricaricare l'energia e di ispirare un figlio con le pratiche mindful, un atleta che spera di ottenere una maggiore concentrazione nel suo mestiere, o un dipendente che lavora duramente ogni giorno e che vuole sentire la soddisfazione della sua produttività, i messaggi mindful che continuerò a fornirle le permetteranno di godere di metodi nuovi e coinvolgenti di mindfulness per la salute del cervello.

Vorrei chiederle gentilmente un momento del suo tempo. Se ha trovato valore nelle intuizioni, nelle strategie e nelle conoscenze condivise in questo libro, le sarei molto grato se potesse lasciare una recensione. I suoi pensieri e il suo feedback sono preziosi e leggerò tutti i suoi commenti e le sue recensioni. Non solo mi ispirano a continuare a creare contenuti importanti, ma aiutano anche i lettori a prendere decisioni informate sulle loro scelte di lettura. La sua recensione è un piccolo gesto che può avere un grande impatto. Grazie

Le auguro positività e progressi nella continuazione di ciò che ha osato iniziare. Lo sforzo mentale su cui sta lavorando ora la ripagherà nei giorni in cui si sentirà stanca e frustrata. In giorni come questi, saprà come prendersi il tempo necessario per rinfrescare l'energia della sua mente. Si goda questa nuova avventura e rimanga aperto alle possibilità!

Può aiutarmi per favore?

Grazie ancora per aver letto questo libro! Spero che l'abbia trovato interessante e utile.

Le recensioni di libri fanno la differenza nella scopribilità dei libri.

Mi piacerebbe conoscere le sue opinioni con una rapida recensione su Amazon.

Lo apprezzo molto e leggerò le sue recensioni.

Per sua comodità, i seguenti codici QR o link la portano direttamente alla pagina della recensione sul rispettivo mercato Amazon:

Amazon.it/review/create-review?&asin=1738558126

Amazon.com/review/create-review?&asin=1738558126

Appendice

Per le audioguide gratuite sulle pratiche guidate di mindfulness, si registri utilizzando il seguente link o il codice QR qui sotto

bit.ly/mindfulness-book-bonuses

Glossario

- **Amigdala:** La piccola parte del cervello che aiuta a discernere le situazioni rischiose e a controllare le emozioni, il comportamento e la conoscenza.

- **Scansione del corpo:** Una pratica consapevole che favorisce il sollievo dallo stress, concentrandosi sulle parti del corpo rilassate in modo concentrato.

- **Tronco encefalico:** L'area del cervello che fornisce messaggi al resto del corpo, poiché collega il cervello al midollo spinale.

- **Cervelletto:** la parte del cervello che assiste la funzione muscolare e si trova verso la parte posteriore del cervello, vicino al midollo spinale.

- **Cerebro:** La parte più grande del cervello che assiste le funzioni del comportamento, del linguaggio e del collegamento del significato delle informazioni sensoriali.

- **Ritmo circadiano:** Il ritmo naturale del corpo che risponde alla fame, alla temperatura, ai cicli del sonno e al rilascio di ormoni. Questo ritmo nota dei cambiamenti nell'ambiente circostante durante un ciclo giornaliero di 24 ore.

- **Memoria episodica:** La capacità di ricordare eventi particolari del passato e di ricordare i dettagli dell'esperienza.

- **Corteccia/Lobo frontale:** La parte del cervello che assiste nel prendere piani e decisioni basati sulla capacità di giudicare le situazioni. Questa parte controlla anche l'attenzione e l'impulsività di un individuo.

- **Materia grigia:** Il tessuto neurale del cervello che contiene le fibre per l'elaborazione del linguaggio, delle funzioni cognitive, del movimento e delle sensazioni corporee.

- **Ippocampo:** Situata nel lobo temporale, quest'area del cervello aiuta a memorizzare i ricordi. L'ippocampo è una delle aree più vulnerabili alla perdita di memoria, se viene danneggiato a causa di disturbi neurologici o traumi fisici.

- **Mindfulness:** Uno stato di consapevolezza che può essere acquisito attraverso la pratica di attività calmanti che si concentrano sulla visione di pensieri e sentimenti da un punto di vista più obiettivo.

- **Formazione cognitiva basata sulla mindfulness (MBCT):** Un tipo di terapia che si concentra sulle pratiche mindful per migliorare la consapevolezza. Questa forma di terapia viene utilizzata principalmente per trattare i sintomi della depressione.

- **Neuroplasticità:** La capacità del cervello di cambiare e ricablare le sinapsi in base all'esperienza di apprendimento o di adattamento alle situazioni.

- **Neurotrasmettitori:** Le sostanze chimiche rilasciate nel cervello che forniscono informazioni ai muscoli e al sistema nervoso del corpo.

- **Nocività:** La capacità del sistema nervoso di elaborare i danni ai tessuti del corpo o di percepire temperature estreme.

- **Lobo occipitale:** La parte posteriore del cervello che consente il riconoscimento facciale e il discernimento visivo.

- **Terapia di rielaborazione del dolore:** Un tipo di trattamento terapeutico che aiuta ad alleviare il dolore cronico ricablando il cervello per rispondere in modo diverso al dolore corporeo.

- **Lobo parietale:** La parte centrale superiore del cervello che elabora i sensi e gli stimoli esterni.

- **Corteccia prefrontale:** Costituita dal lobo frontale, questa parte del cervello elabora le emozioni e il comportamento per svolgere un ruolo nelle funzioni cognitive.

- **Rilassamento muscolare progressivo (PMR):** Un metodo terapeutico che aiuta ad alleviare lo stress, il mal di testa, i problemi digestivi e altri problemi cronici, attraverso la pratica di tendere e rilasciare i muscoli in tutto il corpo.

- **Sinapsi:** Il piccolo spazio all'estremità dei neuroni che trasmette i messaggi dal cervello al sistema nervoso.

- **Lobo temporale: La parte** centrale inferiore del cervello che assiste il linguaggio, la memoria e l'elaborazione delle emozioni.

Riferimenti

Nota sulle referenze: Questo libro è stato scritto per il pubblico. Per questo motivo, ho deciso di non limitare i riferimenti ai soli documenti accademici. Pertanto, i riferimenti e le risorse aggiuntive qui elencate includono siti web che potrebbe trovare interessanti o utili durante il suo viaggio.

Associazione Psicologica Americana. (2018, 1 novembre). *Effetti dello stress sul corpo.* Associazione Psicologica Americana. https://www.apa.org/topics/stress/body

Ashar, Y. K., Gordon, A., Schubiner, H., Uipi, C., Knight, K., Anderson, Z., Carlisle, J., Polisky, L., Geuter, S., Flood, T. F., Kragel, P. A., Dimidjian, S., Lumley, M. A., & Wager, T. D. (2021). Effetto della terapia di rielaborazione del dolore rispetto al placebo e all'assistenza abituale per i pazienti con dolore cronico alla schiena. *JAMA Psychiatry, 79*(1). https://doi.org/10.1001/jamapsychiatry.2021.2669

Atlas, L. Y., Dildine, T. C., Palacios-Barrios, E. E., Yu, Q., Reynolds, R. C., Banker, L. A., Grant, S. S., & Pine, D. S. (2022). Le istruzioni e l'apprendimento esperienziale hanno un impatto simile sul dolore e sulle risposte cerebrali legate al dolore, ma producono dissociazioni nell'apprendimento inverso basato sul valore. *ELife, 11,* e73353. https://pubmed.ncbi.nlm.nih.gov/36317867/

Bahl, S., Milne, G. R., Ross, S. M., Mick, D. G., Grier, S. A., Chugani, S. K., Chan, S. S., Gould, S., Cho, Y.-N., Dorsey, J. D., Schindler, R. M., Murdock, M. R., & Boesen-Mariani, S. (2016). Mindfulness: il suo potenziale trasformativo per il benessere dei consumatori, della società e dell'ambiente. *Giornale di Politica Pubblica e Marketing, 35*(2), 198-210. https://www.jstor.org/stable/44164852?read-now=1&seq=2#page_scan_tab_contents

Bargh, J. A., & Morsella, E. (2008). La mente inconscia. *Prospettive su Psicologia Scienza Psicologica, 3*(1), 73-79. https://www.ncbi.nlm.nih.gov/pmc/articles/PMC2440575/

Barnhofer, T. (2019). La formazione alla mindfulness nel trattamento della depressione persistente: Può aiutare a invertire la plasticità disadattiva? *Current Opinion in Psychology, 28*, 262-267. https://doi.org/10.1016/j.copsyc.2019.02.007

Baron Short, E., Kose, S., Mu, Q., Borckardt, J., Newberg, A., George, M. S., & Kozel, F. A. (2010). L'attivazione cerebrale regionale durante la meditazione mostra effetti di tempo e di pratica: Uno studio FMRI esplorativo. *Evidence-Based Complementary and Alternative Medicine, 7*(1), 121-127. https://doi.org/10.1093/ecam/nem163

Batson, J. (2021). *Stress sul posto di lavoro - L'Istituto Americano dello Stress.* L' Istituto Americano dello Stress. https://www.stress.org/workplace-stress

Bernstein, A., Vago, D. R., & Barnhofer, T. (2019). Capire la mindfulness, un momento alla volta: Un'introduzione al numero speciale. *Current Opinion in Psychology, 28*, vi-x. https://doi.org/10.1016/j.copsyc.2019.08.001

Centro Brahm. (2020, 31 agosto). *Neuroplasticità - come la mindfulness rimodella il cervello | Dr Sara Lazar.* Youtube.com. https://www.youtube.com/watch?v=wP9X6QIaflU

Linea diretta nazionale di Boys Town. (n.d.). *10 modi per rimanere con i piedi per terra.* Your Life YourVoice . RetrievedJan17 , 2024, da https://www.yourlifeyourvoice.org/pages/10-ways-to-stay-grounded.aspx

Centro Brahm. (2020, 31 agosto). *Neuroplasticità - come la mindfulness rimodella il cervello | Dr Sara Lazar.* Youtube.com. https://www.youtube.com/watch?v=wP9X6QIaflU

Brettingen, P. J. (2022, 30 agosto). *Come invecchiare con grazia cambiando la sua mentalità.* DailyOM. https://www.dailyom.com/journal/how-to- invecchiare con grazia cambiando la propria mentalità/

Broadway, K. (2023, 25 maggio). *I benefici della mindfulness per gli studenti-atleti | NCSA*. Ncsasports.org. https://www.ncsasports.org/blog/benefits-of-mindfulness-for- atleti

Brown, K. W., Goodman, R. J., Ryan, R. M., & Anālayo, B. (2016). La mindfulness migliora le prestazioni della memoria episodica: Prove da un'indagine multimetodo. *PLOS ONE, 11*(4), e0 153309. https://doi.org/10.1371/journal.pone.0153309

Campbell, L. (2016, 17 maggio). *Limiti personali: Tipi e come stabilirli*. Psych Central. https://psychcentral.com/relationships/what-sono-i-limiti-personali-come-fare-qualche-premio

Celestine, N. (2020, 15 agosto). *Che cos'è la respirazione consapevole? Esercizi, copioni e video*. PositivePsychology.com. https://positivepsychology.com/mindful-breathing/

Rivista sul benessere aziendale. (n.d.). Lo *stress sul posto di lavoro: Un killer silenzioso della salute e della produttività dei dipendenti*. Corporatewellnessmagazine.com. https://www.corporatewellnessmagazine.com/article/work pla ce-stress-silenzioso-assassino-della-salute-produttività-dei-dipendenti

Cunningham, C., Kashino, M. M., & Phillips, H. G. (2018, 18 gennaio). *10 modi semplici per rendere la sua casa più tranquilla*. Washingtonian. https://www.washingtonian.com/2018/01/18/10-easy-ways- per rendere la sua casa più pacifica/

Damasio, A. R. (1999). Come il cervello crea la mente. *Scientific American, 281*(6), 112-117. https://www.jstor.org/stable/26058529

Dobbs, I. (2018, 4 marzo). *Neuroplasticità*. Sciencefor Sport. https://www.scienceforsport.com/neuroplasticity

Dunne, J. D., Thompson, E., & Schooler, J. (2019). Meta-consapevolezza consapevole: Sostenuta e non propositiva. *Current Opinion in Psychology, 28,* 307–311 https://doi.org/10.1016/j.copsyc.2019.07.003

Eby, S. (2023, 5 giugno). *Consigli sull'idratazione per gli atleti | Mass general Brigham.* Massgeneralbrigham.org. https://www.massgeneralbrigham.org/en/about/newsroom/articoli/consigli-per-stare-idratati

Garey, J. (2023, 6 novembre). *Praticare le tecniche di mindful parenting | mindfulness.* ChildMind Institute. https://childmind.org/article/mindful-parenting-2/

Gehl, M. e Bohlander, A. H. (2018). Essere presenti: Mindfulness nei contesti infantili e dei bambini. *YC Young Children, 73*(1), 90-92. https://www.jstor.org/stable/90019488

Giles, J. (2019). Rilevanza della teoria del no-self nella mindfulness contemporanea. *Current Opinion in Psychology, 28,* 298-301. https://doi.org/10.1016/j.copsyc.2019.03.016

Grant, J. A., & Zeidan, F. (2019). Impiegare il dolore e la mindfulness per comprendere la coscienza: Una relazione simbiotica. *Opinione attuale in Psicologia, 28,* 192–197. https://doi.org/10.1016/j.copsyc.2018.12.025

Hamm, K (2023, 23 marzo). Come l'uso dello smartphone da parte dei genitori influisce sui figli. https://www.universityofcalifornia.edu/news/how- l'uso dello smartphone da parte dei genitori influisce sui loro figli

Hartfiel, N., Havenhand, J., Khalsa, S. B., Clarke, G., & Krayer, A. (2011). L'efficacia dello yoga per il miglioramento del benessere e della resilienza allo stress sul posto di lavoro. *Scandinavian Journal of Work, Environment & Health, 37*(1), 70-76. https://www.jstor.org/stable/40967889

Scuola di Salute Pubblica di Harvard. (2020, 14 settembre). *Alimentazione consapevole.* LaNutrizione Fonte. https://www.hsph.harvard.edu/nutritionsource/mindful-eating/

Harvard T.H. Chan School of Public Health. (2019, 21 agosto). *Preparare un pranzo salutare.* LaNutrizione Fonte. https://www.hsph.harvard.edu/nutritionsource/kids-healthy- guida al pranzo

Henriksen, K. (2022). La magia della mindfulness nello sport. *Frontiere per le giovani menti,* 10. https://doi.org/10.3389/frym.2022.683827

Herz, R. (2016). Il ruolo della memoria evocata dagli odori nella salute psicologica e fisiologica. *Scienze del cervello,* 6(3), 22. https://doi.org/10.3390/brainsci6030022

Hölzel, B. K., Carmody, J., Vangel, M., Congleton, C., Yerramsetti, S. M., Gard, T., & Lazar, S. W. (2011). La pratica della mindfulness porta ad un aumento della densità della materia grigia cerebrale regionale. *Psychiatry Research: Neuroimaging, 191*(1), 36–43 https://doi.org/10.1016/j.pscychresns.2010.08.006

Hölzel, B. K., Lazar, S. W., Gard, T., Schuman-Olivier, Z., Vago, D. R., & Ott, U. (2011). Come funziona la meditazione mindfulness? Proponendo meccanismi d'azione da una prospettiva concettuale e neurale. *Perspectives on Psychological Science,* 6(6), 537-559. https://www.jstor.org/stable/41613530

Hougaard, R., & Carter, J. (2016, 4 marzo). *Come praticare la mindfulness durante la sua giornata lavorativa.* HarvardBusiness Review. https://hbr.org/2016/03/how-to-practice-mindfulness-durante-la-giornata-lavorativa

Ivey, P., McGuire, R., & Lattner, A. (2015, 29 luglio). La *mente sopra la materia.* Training&Conditioning .https://training-conditioning.com/article/mind-over-matter-d36/

Jiménez-Picón, N., Romero-Martín, M., Ponce-Blandón, J. A., Ramirez-Baena, L., Palomo-Lara, J. C., & Gómez-Salgado, J. (2021). La relazione tra mindfulness e intelligenza emotiva come fattore protettivo per gli operatori sanitari: Revisione sistematica. *Rivista internazionale di ricerca ambientale e Salute Pubblica, Jómez-Salgado Salute Pubblica, 18*(10), 5491. https://doi.org/10.3390/ijerph18105491

Johns Hopkins Medicine. (2022). *Anatomia cerebrale e funzionamento del cervello.* Hopkinsmedicine.org. https://www.hopkinsmedicine.org/health/conditions-and- malattie/anatomia-del-cervello

Kabat-Zinn, J. (1994). *Ovunque tu vada, ci sei: La meditazione Mindfulness nella vita quotidiana.* Hyperion.

Kabat-Zinn, J. (2013). *Vivere la catastrofe completa: Usare la saggezza del corpo e della mente per affrontare lo stress, il dolore e la malattia.* Bantam Books.

Katella, K. (2022, 31 maggio). *Come essere più resilienti: 8 strategie per i momenti difficili.* Yale Medicina. https://www.yalemedicine.org/news/resilience-strategies-pandemia

Kraemer, K. M., Jain, F. A., Mehta, D. H., & Fricchione, G. L. (2022). Interventi meditativi e di mindfulness in neurologia: Principi, scienza e selezione dei pazienti. *Seminari di Neurologia, 42*(02), 123-135. https://doi.org/10.1055/s-0042-1742287

Kylie, U. (2018, 22 febbraio). *Il cervello inconscio - trovare chiarezza durante l'incoscienza.* Michiganmedicine.org. https://www.michiganmedicine.org/health-lab/what-happens- cervello-durante-l'incoscienza

Maldonado, K. A., & Alsayouri, K. (2023). *Fisiologia, cervello.* PubMed; StatPearls Pubblicazione. https://www.ncbi.nlm.nih.gov/books/NBK551718/

Marie, S. (2022, 25 marzo). *Tutto sulla genitorialità consapevole.* Psych Central. https://psychcentral.com/health/mindful-genitorialità#definizione

Mayo Clinic. (2021, 4 febbraio). *Lesione cerebrale traumatica - sintomi e cause.* MayoClinic . https://www.mayoclinic.org/diseases-condizioni/lesione cerebrale traumatica/sintomi-cause/sic-20378557

Mayo Clinic. (2021, 24 marzo). *Gestione dello stress.* Mayo Clinic; Mayo Clinic. https://www.mayoclinic.org/healthy-lifestyle/stress-gestione/approfondimento/sintomi di stress/art-20050987

Newberg, A. B. (2011). Spiritualità e invecchiamento del cervello. *Generazioni: Journal of the American Society on Aging, 35*(2), 83-91. https://www.jstor.org/stable/26555779

Pacheco, D., & Callender, E. (2021, 15 gennaio). *Routine della buonanotte per i bambini.* Dormire Fondazione. https://www.sleepfoundation.org/children-and-sleep/bedtime- routine

Puderbaugh, M., & Emmady, P. D. (2023). *Neuroplasticità.* PubMed; StatPearls Pubblicazione. https://www.ncbi.nlm.nih.gov/books/NBK557811/

R. Morgan Griffin. (2010, 11 maggio). *10 problemi di salute legati allo stress che si possono risolvere.* WebMD; WebMD. https://www.webmd.com/balance/stress-management/features/10-fixable-stress-related-health-problems

Raio, C. M., Orederu, T. A., Palazzolo, L., Shurick, A. A., & Phelps, E. A. (2013). La regolazione cognitiva delle emozioni non supera il test dello stress. *Atti dell'Accademia Nazionale delle Scienze, 110*(37), 15139- 15144. https://doi.org/10.1073/pnas.1305706110

Regan, S. (2023, 26 luglio). *21 tecniche di grounding da provare la prossima volta che si sente stressato.* stressato. Mindbodygreen. https://www.mindbodygreen.com/articles/how-to-ground- lei stesso

Reid, M. C., Eccleston, C. e Pillemer, K. (2015). Gestione del dolore cronico negli anziani. *BMJ: British Medical Journal, 350.* https://www.jstor.org/stable/26518254

Rupprecht, S., Koole, W., Chaskalson, M., Tamdjidi, C., & West, M. (2019). Correre troppo? Verso una comprensione più ampia della mindfulness nelle organizzazioni. *Opinione attuale in Psicologia,* 28, 32–36 https://doi.org/10.1016/j.copsyc.2018.10.007

Segal, Z. V., Williams, J. M. G., & Teasdale, J. D. (2002). Terapia cognitiva basata sulla consapevolezza per la depressione: Un nuovo approccio per prevenire le ricadute. Guilford Press.

Segal, J., Smith, M., Robinson, L., & Shubin, J. (2023, 28 febbraio). *Migliorare l'intelligenza intelligenza emotiva (EQ).* HelpGuide. https://www.helpguide.org/articles/mental-health/emotional- intelligence-eq.htm

Semeco, A. (2017). *20 semplici modi per addormentarsi il più velocemente possibile.* Healthline. https://www.healthline.com/nutrition/ways-to-fall-asleep

Sevinc G, Hölzel BK, Hashmi J, Greenberg J, McCallister A, Treadway M, Schneider ML, Dusek JA, Carmody J, Lazar SW (2018). Attività neurale comune e dissociabile dopo programmi di riduzione dello stress basati sulla consapevolezza e sulla risposta di rilassamento. PsychosomMed , 80(5):439-451. doi: 10.1097/PSY.0000000000000590.

Sivadas, A., & Broadie, K. (2020). Come comunica il mio cervello con il mio corpo? *Frontiere per le giovani menti,* 8(540970). https://doi.org/10.3389/frym.2020.540970

Paglia, E. (2023, 29 maggio). *Tecniche di visualizzazione per gli atleti: il successo inizia da dentro.* Successstartswithin.com. https://www.successstartswithin.com/blog/visualizatio n- tecniche-per-atleti

Tang, Y.-Y. Lu, Q., Fan, M., Yang, Y., & Posner, M. I. (2012). Meccanismi dei cambiamenti della materia bianca indotti dalla meditazione. *Atti dell'Accademia Nazionale delle Scienze, 109*(26), 10570-10574. https://doi.org/10.1073/pnas.1207817109

Toussaint, L., Nguyen, Q. A., Roettger, C., Dixon, K., Offenbächer, M., Kohls, N., Hirsch, J., & Sirois, F. (2021). Efficacia del rilassamento muscolare progressivo, della respirazione profonda e dell'immaginazione guidata nella promozione degli stati psicologici e fisiologici di

relax. *Medicina complementare e alternativa basata sull'evidenza, 2021*(1), 1-8. https://doi.org/10.1155/2021/5924040

Valluri, J., Gorton, K., & Schmer, C. (2024). Pratiche di meditazione globali: Una revisione della letteratura. *Pratica infermieristica olistica, 38*(1), 32-40. https://doi.org/10.1097/HNP.0000000000000626

Volpe, A. (2020, 29 dicembre). La *scienza dice che bisogna pianificare alcune cose per guardare avanti guardare avanti a.* Vice.com. https://www.vice.com/en/article/7k9wvb/science-says-you- bisogno di piani per il futuro per guardare avanti durante la pandemia

Walker, M. P. (2006). Dormire per ricordare: Il cervello ha bisogno di dormire prima e dopo l'apprendimento di nuove cose, indipendentemente dal tipo di memoria. I sonnellini possono aiutare, ma la caffeina non è un sostituto efficace. *American Scientist, 94*(4), 326–333 https://www.jstor.org/stable/27858801

Walker, M. P. (2018). *Perché dormiamo*. Penguin Books.

Wein, H. (2021, 29 marzo). Un *buon sonno per una buona salute*. NIH News in Health. https://newsinhealth.nih.gov/2021/04/good-sleep- buona-salute

Wong SH, Pontillo G, Kanber B, Prados F, Wingrove J, Yiannakas M, Davagnanam I, Gandini Wheeler-Kingshott CAM, Toosy AT (2024). La sindrome della neve visiva migliora con la modulazione della connettività della risonanza magnetica funzionale allo stato di riposo dopo la terapia cognitiva basata sulla consapevolezza: Uno studio di fattibilità in aperto. J Neuroophthalmol, 44(1):112-118. doi: 10.1097/WNO.0000000000002013

Zelazo, P. D., & Lyons, K. E. (2011). Formazione alla mindfulness nell'infanzia. *Sviluppo umano, 54*(2), 61-65. https://www.jstor.org/stable/26764991

Riferimento alle immagini

Ho creato le illustrazioni alla fine di ogni capitolo utilizzando Midjourney www.midjourney.com . Uno strumento formidabile che mi ha aiutato a portare avanti la mia visione di queste immagini.

www.ingramcontent.com/pod-product-compliance
Lightning Source LLC
Chambersburg PA
CBHW052204090526
44583CB00015BA/1503